Ayuno y limpieza para la salud y la conciencia

Dr. Nibodhi Haas

Mata Amritanandamayi Center, San Ramon
California, Estados Unidos

Ayuno y limpieza para la salud y la conciencia
Dr. Nibodhi Haas

Publicado por:
Mata Amritanandamayi Center
P.O. Box 613
San Ramon, CA 94583
Estados Unidos

————— *Fasting and Cleansing (Spanish)* ——————

Primera edición: marzo de 2016

Dirección en España:
www.amma-spain.org
fundacion@amma-spain.org

En la India:
www.amritapuri.org
inform@amritapuri.org

Om karunamrita sagarayai namah

Alabamos a la que es el mar del
néctar de la compasión.

Sosanam bhavasindhosca,
jnapanam sarasampadah
Guroh padodakam samyak,
tasmai sri gurave namah

Saludos a la guru. El agua santificada por
el roce de sus pies seca el mar de la ilusión
y revela la única y verdadera dicha.

Ofrezco este libro con amor y devoción
a los sagrados Pies de Loto de mi amada
satguru Sri Mata Amritanandamayi.
¡Que su compasión y su gracia
nos bendigan para siempre!

*Al Señor Dhanvantari se Le considera la
fuente del ayurveda. Al igual que a Vishnu,
a Dhanvantari se le representa con cuatro
manos. En una de las manos sostiene plantas
medicinales y en otra una vasija que contiene
el néctar de la inmortalidad, llamado amrita.*

Om namo bhagavate vasudevaya
danvantraye amrita kalasa hasthaya,
sarvamaya vinasanaya trilokya
nathaya sri maha vishnave namah

*Alabado sea Vasudeva, el Señor del universo
que, encarnado en Dhanvantari, sostiene la
vasija de ambrosía en sus manos y elimina toda
enfermedad, es el Señor de los tres mundos
y no es otro que el propio Señor Vishnu.*

Índice

Sri Mata Amritanandamayi

Mediante sus extraordinarios actos de amor y sacrificio, *Mata Amritanandamayi*, más conocida como Amma (la Madre), ha cosechado el amor de millones de personas por todo el mundo. Amma acaricia afectuosamente a todos los que se acercan a Ella y los sostiene junto a su corazón en un amoroso abrazo, compartiendo así su ilimitado amor con todos ellos, sin tener en cuenta sus creencias, quiénes son o los motivos por los que han acudido a Ella. Abrazo a abrazo: de esta forma sencilla y poderosa Amma transforma la vida de innumerables personas ayudando a sus corazones a florecer. Durante los últimos treinta y ocho años, Amma ha abrazado físicamente a más de treinta y dos millones de personas de todos los lugares del mundo.

Su inagotable espíritu de dedicación a elevar a los demás ha puesto en marcha una inmensa red de obras benéficas. Gracias a ellas, muchas personas están descubriendo la sensación de paz que crea el servicio desinteresado a los demás.

Las enseñanzas de Amma son universales. Cuando se le pregunta por su religión, responde que su religión es el amor. No le pide a nadie que crea en Dios o que cambie de fe, sino que indague sobre su verdadera naturaleza y que crea en sí mismo.

Entre los numerosos proyectos benéficos que ha impulsado Amma se encuentran: viviendas gratuitas para pobres, asistencia en desastres, un orfanato, comida gratuita, medicamentos y pensiones para mujeres sin recursos, patrocinio de bodas para pobres, ayuda jurídica gratuita, programas de asistencia social para presos, amplios programas sanitarios, como hospitales multiespecializados y campamentos médicos, en los que se ofrece atención médica gratuita a personas sin recursos, y muchas escuelas, facultades y otros programas educativos. Para más información sobre las obras benéficas de Amma, os invitamos a visitar:

www.es.embracingtheworld.org
www.amritapuri.org
www.amma.org
www.amma-spain.org

Prólogo

La inspiración para escribir este libro surgió del libro «Drugless, Sound Health Management (Auto Healing)» [«Cómo mantener una salud impecable sin medicamentos (la autocuración)»], de *Swami Vinayananda Giri*, publicado por la organización «*Mata Amritanandamayi* Mission Trust» en marzo de 2011. Su libro contiene abundantes conocimientos basados en los principios tradicionales del *ayurveda*, la naturopatía y el *yoga*. Sin embargo, aunque expone verdades universales, fue escrito principalmente para lectores indios. La finalidad de nuestro libro es ofrecer esta antigua sabiduría y conocimientos a todas las personas, independientemente de su raza, sus creencias religiosas o su país de origen. Con la bendición y el permiso del *Swami Vinayananda Giri*, este libro llega a vuestras manos en una versión completamente revisada, actualizada y ampliada respecto a la obra original.

La primera parte de este libro trata sobre los principios fundamentales del *ayurveda* y la naturopatía. En la segunda parte se estudian métodos específicos para crear y mantener una salud óptima mientras nos esforzamos por alcanzar las metas de la vida.

El cuerpo humano es la bendición más preciosa que nos ha dado Dios. Por lo tanto, hay que honrarlo y cuidarlo bien. Es vital honrar y cuidar el cuerpo para conseguir un perfecto estado de salud, además de una larga vida. El cuerpo humano es el más complejo de todos los cuerpos, lo que también significa que es el que más fácilmente puede dañarse. Hay algo más que solo poseen los seres humanos: el intelecto. Gracias al intelecto, podemos entender el cuerpo, su funcionamiento, las causas de la enfermedad y el modo de conseguir un perfecto estado de salud. La finalidad de este libro es explicar la manera de estar saludables sin usar medicamentos ni recurrir a la medicina. «Ayuno y limpieza para la salud y la conciencia» trata sobre el modo de vivir en armonía física y espiritual con las leyes naturales. Si vivimos en armonía y equilibrio con la naturaleza, podremos conseguir y mantener un perfecto estado de salud, que incluye la compasión, la sabiduría y la ecuanimidad o paz mental. Siguiendo los caminos del *ayurveda*, la naturopatía y el *yoga*, este libro expone los medios para crear y mantener un flujo continuo y saludable de *prana* (la energía vital universal) por todo el cuerpo para conseguir profundos efectos curativos. También se analiza cómo determinar qué alimentos conviene tomar, cuándo y en qué cantidad, así como los efectos curativos del *hatha yoga*, el *pranayama* y el ayuno. Pido sinceramente que este libro sirva como un valioso compendio de conocimiento autocurativo. ¡Que por la Gracia Divina de Amma pueda ser beneficioso para la humanidad!

Prólogo original escrito por Swami Vinayananda Giri para su libro «Cómo mantener una salud impecable sin medicamentos (la autocuración)»

Este libro trata sobre la «autocuración». Autocuración significa que el cuerpo humano tiene grandes poderes para curarse por sí mismo utilizando sus propios recursos internos. Estos poderes internos son: el *prana* (energía vital universal), el *atma-bala* (fuerza o poder del alma) y la *manas shakti* (poder mental). Tenemos que brindarle al cuerpo la posibilidad de que estos poderes internos nos curen. Este cuerpo humano no es solo una entidad física. La energía pránica, sutil e invisible, es la que realmente sustenta el cuerpo y controla directamente todas las actividades internas y externas del cuerpo. Y el *manas*, la más sutil de todas las energías del cuerpo, es el que estimula el *prana*. Es como un vehículo que se pone en movimiento cuando la gasolina le suministra la energía necesaria; pero el que pone en marcha el motor es el conductor. El cuerpo es el vehículo, el *prana* la gasolina, el *manas* el conductor y *el Atma* el propietario. Para influir en la salud, hay que tener en cuenta estos cuatro factores: el cuerpo (mediante la dieta), la mente (teniendo una actitud positiva), el *prana* (viviendo correctamente) y el *Atma* (mediante la actividad espiritual).

Al sistema médico actual le cuesta reconocer la presencia y la actividad de la energía pránica en el cuerpo. La medicina moderna está apenas empezando a reconocer el papel de la mente en la salud y la curación. Además, se siguen ignorando los omnipotentes poderes del *Atma*, que es el que realmente sustenta el cuerpo y la mente por medio del *prana*.

El *ayurveda* que enseñaban los *rishis* subraya la importancia del *prana* y el *Atma* en el proceso curativo. La curación pránica, la acupresión, la acupuntura, la *marma chikitsa* (acupresión ayurvédica), la naturopatía y el reiki: todos ellos tienen en cuenta el *prana*.

La frase *ayurvédica* «*swasthyatyra parayana-ha jeevitam ayuhu*» significa que el secreto de la salud no consiste en tomar medicamentos para curarnos, sino en cuidar la salud de tal manera que la enfermedad no nos visite jamás. Eso mismo decía también Hipócrates, el padre de la medicina moderna: «Que el alimento sea vuestra medicina y la medicina vuestro alimento». Este libro trata sobre ese aspecto de la salud y la curación. En muchos países la atención médica resulta prohibitiva. Los médicos modernos dependen cada vez más de máquinas exorbitantemente caras, medicamentos costosos y cirugías prohibitivas. Todo esto supone una pesada carga para el bolsillo del paciente.

El sistema médico moderno, basado principalmente en la sintomatología, busca tan solo eliminar los síntomas olvidando la causa de la enfermedad. Así, con el paso del tiempo, se va abriendo el camino a la enfermedad crónica, que aparecerá porque la enfermedad sigue latente en el cuerpo. A menudo, la medicina moderna en vez de curar enfermedades crónicas se centra en administrar tratamientos paliativos. Eso a menudo significa que el paciente tendrá que vivir una larga vida repleta de medicamentos y enfermedades. En palabras comprensibles por un profano: «repita la dosis (del medicamento) hasta que mueran juntos la enfermedad y el paciente».

Esto facilita la aparición de otras enfermedades asociadas. Por ejemplo, se dice que la diabetes es la madre de muchas otras enfermedades relacionadas con los riñones, el corazón, la piel, los ojos, la presión arterial, etc. Además, los medicamentos modernos tienen numerosos efectos secundarios que crean otras enfermedades.

En cambio, el sistema de autocuración trata directamente la causa de todas las enfermedades, sean agudas o crónicas, recomendando vivir de acuerdo con las leyes naturales de Dios. Si se siguen escrupulosamente los principios de la autocuración, se fortalece la mente, lo que a su vez revitaliza el *prana*. Este *prana* recién estimulado fluye por todo el cuerpo con armonía y hace que la sangre pura circule libremente llegando a todas las células. De ese modo, la sangre pura suministra adecuadamente nutrientes a todas las partes del cuerpo y elimina el *ama* (los desechos metabólicos) a la vez que regenera las células. Así funciona la autocuración sin necesidad de recurrir a la medicación.

Si parece simple es porque, realmente, es simple. En la naturaleza todo es sencillo, lo que significa que, si respetamos y cumplimos las leyes de la naturaleza, la salud perfecta se convierte en nuestra propia naturaleza. Respetar y vivir en consonancia con la naturaleza equivale a cumplir la ley divina.

Dios ha creado este cuerpo humano y vive en el cuerpo como el todopoderoso *Atma*. ¿Cómo puede ser, entonces, que este cuerpo sufra tantas enfermedades? Algunas enfermedades desfiguran el cuerpo hasta el punto de no tener cura. La respuesta obvia es que, cuando abusamos del cuerpo, llevando una vida equivocada y teniendo pensamientos erróneos, lo convertimos en víctima de muchas clases de enfermedades. La autocuración guiará a la gente a vivir de acuerdo con las leyes divinas de Dios. Eso les deparará salud y felicidad, paz y prosperidad, éxito y seguridad y, sobre todo, compasión y sabiduría.

La compasión y la sabiduría son los beneficios más especiales de vivir según las leyes divinas de Dios por medio de la autocuración.

¡Que Dios y los grandes seres nos bendigan!

Swami Vinayananda Giri

CHILDREN GO DIRECTLY TO THE SOURCE OF LOVE
AND DRINK TO YOUR HEART'S CONTENT
FROM THAT OCEAN.

AMMA

*Hijos, id directamente a la fuente del
amor y bebed de ese mar hasta que
estéis plenamente satisfechos.*

Amma

Primera parte – Los cimientos de la creación

Capítulo 1

Ayurveda y naturopatía – lo natural

Todo lo que Dios ha creado tiene su razón de ser, sea lo que sea. Cada cosa tiene su utilidad, ya sea un perro, un gato o una gallina. Se trate de un animal o de una planta, siempre hay una intención en su creación. Aunque los seres humanos no encuentren la utilidad de algo, otras criaturas sí que lo hacen. La armonía de la naturaleza depende de todas las cosas que han sido creadas. Considerad, por ejemplo, los cambios climáticos que se producen actualmente. Por haber talado inútilmente los árboles, no llueve bastante durante el monzón. Además, ¿acaso no ha aumentado la temperatura? Los árboles son

los que purifican la atmósfera, absorbiendo el
aire impuro espirado por los seres humanos.

Amma, (¡Despertad, hijos!, vol. 3)

El *ayurveda*, «la ciencia de la vida», es la sabiduría tradicional sobre el modo de vivir en armonía unos con otros y con nuestro medio ambiente. Pertenece a la tradición espiritual del *sanatana dharma* o la verdad eterna. Dado que el *sanatana dharma* trasciende todas las fronteras de casta, credo, nacionalidad y religión, es aplicable a todas las personas de cualquier lugar y época. Los principios del *ayurveda*, que nos fueron trans-mitidos por los antiguos *rishis* (visionarios), son intuiciones espirituales para llevar una vida feliz, saludable y en paz mientras tratamos de alcanzar nuestra meta principal, que es el conocimiento del Ser. El *ayurveda* también incorpora la ciencia mística del *yoga* y el *vedanta* (la filosofía de la conciencia no dual o unificada). Los principios del *ayurveda* se encuentran en los cuatro *Vedas*. El principal texto del *ayurveda*, la *Charaka Samhita*, describe la naturaleza del universo en todas sus manifestaciones y el modo de llegar a vivir en armonía con él. Las implicaciones más profundas del *ayurveda* son que ofrece la liberación real de la enfermedad y un camino hacia la inmortalidad. El enfoque del *ayurveda* respecto a la salud tiene como objetivo eliminar la enfermedad de tal manera que, al final, lleguemos a un despertar espiritual.

El *ayurveda* es el sistema tradicional de curación natural de la India, que no solo busca tratar o diagnosticar una enfermedad sino que también ofrece un conjunto de directrices prácticas y sencillas para tener una vida larga y saludable. Siguiendo estos principios podemos conseguir un cuerpo y una mente perfectamente equilibrados. Aunque el *ayurveda* cuenta con una base teórica, su naturaleza es esencialmente práctica. La palabra *ayurveda* está compuesta de dos palabras: *ayu* y *veda*. *Ayu* significa «vida» y *veda* «ciencia». Juntas significan «el conocimiento de la vida». En el *ayurveda*, el proceso del *ayu* se considera que es la combinación de las experiencias del cuerpo, los sentidos, la psique/mente y el alma. El *ayu* representa todos los aspectos de la vida, incluidas la muerte, la degeneración y la inmortalidad.

La ciencia del *ayurveda* se ha ido desarrollando durante miles de años. Actualmente está a la vanguardia de las medicinas dedicadas al cuerpo, la mente y el espíritu. Se ha extendido fuera de los límites de su país de origen, la India, y está siendo reconocido en todo el mundo. Debido a su profunda y extensa comprensión de la vida y la conciencia, se está convirtiendo en la medicina del presente y del futuro.

Los principales objetivos del *ayurveda* son prevenir, tratar y curar la enfermedad, así como promover la salud en cuatro niveles: físico, mental, emocional y espiritual.

El *ayurveda* nos enseña a crear equilibrio para conseguir un estado de salud óptimo. A medida que vayamos entendiendo mejor la unión que existe entre el cuerpo, la mente y el alma, iremos siendo capaces de prolongar nuestra vida y mejorar nuestro bienestar. Sin embargo, el fin fundamental de esta ciencia es brindarnos la oportunidad de alcanzar el autoconocimiento, para así conocer el verdadero Ser, *sat-chit-ananda* (existencia-conciencia-dicha). Debemos reconocer que nuestro cuerpo y nuestra mente están cambiando constantemente en este mundo de la dualidad. Nuestra tarea consiste en descubrir la parte velada de nosotros que siempre está ahí: el conocedor, el que ve, el infinito, la fuente inmutable. Con diligencia, perseverancia y paciencia podemos despertarnos de *maya* (el sueño/la ilusión) y librarnos del sufrimiento. A medida que nos vamos dando cuenta de nuestro verdadero Ser, creamos libertad en nuestro cuerpo-mente-espíritu. Según el *ayurveda,* venimos a esta tierra para recordar lo que realmente somos y seguir ese *dharma*, y también para cuidar de esta existencia física mientras tratamos de alcanzar *moksha* (la liberación). Cuando se establece la armonía entre el cuerpo, la mente y el espíritu, nos liberamos.

La naturopatía, al igual que el *ayurveda*, es una filosofía que comprende una visión completamente holística de la vida, un modelo para vivir una vida plena. La palabra naturopatía viene del latín y el griego, y se puede definir como «estar cerca de la naturaleza o beneficiarse de ella». La naturopatía tradicional no «diagnostica» ni «trata enfermedades» sino que reconoce que la mayoría de los desequilibrios o enfermedades degenerativas son producto de la acumulación de los efectos de nuestros estilos de vida, y que la causa subyacente de lo que llamamos «enfermedad» se debe simplemente a una dieta inadecuada, hábitos no saludables y factores medioambientales. Todo esto produce un desequilibrio biológico que debilita la inmunidad natural del cuerpo, provocando el posterior deterioro y colapso de la salud.

La naturopatía tradicional enseña y promueve métodos completamente naturales para mantener una buena salud, como son el ayuno y la desintoxicación, la alimentación adecuada, la herbología, la hidroterapia, la aromaterapia, el ejercicio, el descanso, la luz solar y cualquier otro medio natural. La naturopatía utiliza tratamientos no invasivos y, por lo general, evita los medicamentos y las intervenciones quirúrgicas. Se centra en la prevención de enfermedades utilizando sustancias de origen natural, métodos mínimamente invasivos y promoviendo la curación natural mediante el rejuvenecimiento y fortalecimiento de las células.

Capítulo 2

Filosofía sankhya

El Creador y lo creado son lo mismo. No hay
un creador separado de la creación. El Creador
o Creadora se ha convertido en la totalidad de
la creación. No hay separación. Por lo tanto,
desde este punto de vista, es como las olas en
el mar. Las olas no son diferentes del mar.
Aunque las olas tengan diferentes formas,
tamaños y alturas, no son realmente diferentes
del mar. El propio mar se convierte en las olas.

Amma

Para llegar a comprender verdaderamente cómo
actúa la naturaleza y el funcionamiento del
mundo que nos rodea, tenemos que recurrir a
la filosofía *sankhya*. Gracias a la intensa práctica
de *sadhana* (prácticas espirituales) y a sus plega-
rias, la Verdad Universal o Realidad Última se
manifestó en la mente de los *rishis*. La filosofía
sankhya, la base del *ayurveda* y el *yoga*, fue trans-
mitida por el *rishi* iluminado *Kapila*. «*Sankhya*»
tiene dos significados. La palabra *sankhya* se

traduce como «conocer la verdad» o «entender la verdad». *San* significa «verdad» y *khya* «comprender». *Sankhya* también significa «número» o «medir». Este sistema enumera veinticuatro principios del universo.

Filosofía sankhya: los veinticuatro principios de la creación (tattvas)

1. *Purusha* (Conciencia Universal) y *Prakriti* (Manifestación Divina o naturaleza)
2. *Mahat* (Inteligencia Cósmica o Universal) y *buddhi* (intelecto individual diferenciado)
3. *Ahamkara* (el ego). A partir del *ahamkara* se manifiestan las tres *gunas* (las cualidades universales): *sattva, rajas y tamas.*
4. *Manas* (la mente)

Pancha jnanendriyas (cinco órganos sensoriales)
5. Oído
6. Tacto
7. Vista
8. Gusto
9. Olfato

Pancha karmendriyas (cinco órganos de acción)
10. Habla
11. Agarrar
12. Caminar
13. Procreación
14. Eliminación

Tanmatras (objetos de la percepción)
15. Sonido (*shabda*)
16. Contacto (*sparsha*)
17. Forma (*rupa*)
18. Sabor (*rasa*)
19. Olor (*gandha*)

Mahabhutas (los elementos)
20. Éter / espacio (*akasha*)
21. Aire (*vayu*)
22. Fuego (*agni*)
23. Agua (*apas*)
24. Tierra (*prithvi*)

La filosofía *sankhya* enumera los *tattvas,* los veinticuatro principios divinos, en los que se basa la manifestación del universo. Los principios más importantes son *purusha* y *prakriti*. De la *prakriti* surge todo, y después se le infunde el *purusha*.

El *purusha* (representado por *Shiva*, lo Divino Masculino) y la *prakriti* (representada por *Shakti*, lo Divino Femenino) constituyen juntos la base fundamental de toda manifestación. *Prakriti* y *purusha* son *anadi* (sin comienzo) y *ananta* (infinitos). El *purusha* es pura conciencia, omnipresente y eterna. La *prakriti* es la que hace y la que experimenta. El verdadero Ser, el *Atma*, cuando entra en contacto con los cinco elementos, los *pancha mahabhutas*, se convierte en materia y cobra vida. Los *pancha mahabhutas* son los elementos básicos necesarios para la formación de todos los tejidos corporales y los órganos sensoriales y motores, incluida la mente.

El *purusha* es el Ser Supremo o el *Atman* que está más allá de la conciencia corporal. Cuando el alma individual (el *jiva*) vuelve a su estado original (al Ser Supremo o *Atman*), los conceptos de «yo» y «mío» desaparecen. El *purusha*, el Ser, está más allá de *prakriti*. Es sutil y omnipresente. Está más allá de la mente, el intelecto y los sentidos. Es el vidente eterno, el testigo.

Prakriti es la fuente manifiesta y conocida de toda la creación que puede ser experimentada con atributos, nombre y forma: lo que está en el tiempo y el espacio. *Prakriti* significa «la primera creación» o «llegar a crearse». También significa «lo que es primordial, lo que precede a lo que es hecho». Viene de *pra* (antes) y *kri* (hacer). *Prakriti* es la causa fundamental del universo y se la llama *pradhana*, la primera. Todos los efectos se basan en este principio. Por eso, representa cómo cobramos vida al principio, antes de que hubiera fluctuación o modificación alguna. *Prakriti* es la base de la existencia. Es la Madre del Universo. *Prakriti* representa la voluntad primordial y su potencial creativo. Tiene forma y atributos, y se la puede nombrar. Es la voluntad consciente o la decisión de crear. La voluntad divina se manifiesta mediante la actividad de sus propios *gunas* de la mente: *sattva*, *rajas* y *tamas*. Amma describe del siguiente modo la gran importancia de las profundas conexiones que hay en el seno de la creación: «Para sentir compasión y amor verdaderos, hay que comprender la unicidad de la fuerza vital que sustenta y es el sustrato de todo el universo. Todo está lleno de conciencia. Y es esa conciencia la que sostiene el mundo y todas las criaturas que hay en él. Lo que aconseja la religión es adorar todo viendo a Dios en todas las cosas».

Capítulo 3

Mahat y buddhi

Purusha y *Prakriti* engendraron el *Mahat*, la Conciencia Divina o Inteligencia Cósmica. *Mahat* significa «grande» y se aplica a la creación entera. La creación es una danza, maravillosa y mística, de unión entre lo que tiene forma y lo que carece de ella. El *Mahat* es perfecto y universal. Es la creación ideal y transciende más allá del tiempo y el espacio. La Conciencia Divina baja al nivel de la manifestación individual y se convierte en discernimiento. El discernimiento es ser consciente de lo verdadero y lo falso, lo correcto y lo incorrecto, lo eterno y lo pasajero. Mediante el poder del discernimiento, la Mente Divina se funde de nuevo en sí misma.

Cuando el *Mahat* se individualiza se lo conoce como la *buddhi*, el intelecto que tiene la capacidad de pensar y razonar. El *Mahat* unido a la *buddhi* se convierte en un *jiva*, la conciencia individual. El *jiva* es el alma unida a los sentidos. Se aloja en el cuerpo y recibe la fuerza del ego. Va asociado a la ignorancia y el *karma*. Está sujeto al placer y al dolor, a las acciones y sus frutos, y repite constantemente el ciclo de nacimiento y muerte (reencarnación).

El intelecto o *buddhi* es la más importante de todas las manifestaciones de la *prakriti*. Los sentidos ofrecen sus objetos al intelecto. El intelecto es el instrumento que media entre los órganos sensoriales y el Ser. Todos los conceptos y proyecciones que surgen de las sensaciones, la reflexión o la conciencia de algo se registran y se almacenan en el intelecto antes de que el Ser los conozca. El intelecto discierne entre *purusha* y *prakriti*, entre lo real y lo irreal, entre lo verdadero y lo falso. Amma dice: «Entrena la mente usando las armas del discernimiento y del desapego para convencerte de que el cuerpo no es eterno. A fin de cuentas, ¿qué es el cuerpo más que una bolsa de excrementos, carne y sangre? Eso es lo que tú vistes con ropa elegante y adornos de oro. Trata de ver más allá y observa lo que es real, lo que lo hace hermoso y resplandeciente. Eso es la Conciencia Suprema».

Capítulo 4

Ahamkara

A partir del *Mahat* y la *buddhi*, se forma el *ahamkara* (el ego). *Ahamkara* se traduce como la conciencia individual, la sensación de que «yo» existo. Mediante esta manifestación del ego, la conciencia, velada por *Maya* (la ilusión), empieza a asumir identidades falsas. Esto es lo que crea la percepción de la individualidad limitada. La mente individual y limitada nace del *ahamkara* y cumple las órdenes de la voluntad del ego utilizando los órganos de acción (*karmendriyas*). Como es una conciencia individual, el ego separa y divide las cosas. Es la parte de la creación que es *Maya* y que actúa como un velo sobre la naturaleza suprema de la realidad. A medida que el ego va dividiendo, todas las cosas del mundo transitorio se van manifestando. El intelecto, la mente y el ego son como los porteros, y los cinco sentidos u órganos de percepción (*jnanendriyas*) son las puertas. El *ahamkara* es el proceso de toda división. Es el que determina que «esto es esto» y «aquello es aquello». Todas las enfermedades se manifiestan a partir del *ahamkara*. El empleo incorrecto del *karma* y de los *jnanendriyas* crea un desequilibrio en el cuerpo, la mente y el alma. Este uso incorrecto nos lleva a la enfermedad, la muerte y la destrucción. Es la causa de la guerra y de la pobreza. Tenemos que aprender a utilizar adecuadamente los *indriyas* y a vivir en armonía con la Madre Naturaleza y la humanidad. Amma pone numerosos ejemplos para describir la naturaleza del *ahamkara*. Dice: «El ego crea división. Se puede comparar con las paredes que delimitan las divisiones dentro de una casa. Si derribamos esas paredes, la casa desaparece y volvemos a tener solo espacio. Elimina el ego y te convertirás de nuevo en espacio. La cáscara que rodea la semilla tiene que abrirse antes de que pueda brotar un árbol. Hay que deshacerse del ego antes de adquirir el conocimiento. Mientras haya una cortina delante de la ventana, no podremos ver el cielo azul. Cuando eliminemos el sentido del "yo" de nuestra mente, seremos capaces de ver la luz que hay en nuestro interior».

Capítulo 5

Manas

Hijos, cuando os sentéis a meditar no penséis que podréis aquietar la mente inmediatamente. Primero tendréis que relajar todas las partes del cuerpo. Aflojad la ropa si os aprieta. Aseguraos de que la columna vertebral esté bien erguida. Después cerrad los ojos y concentrad la mente en la respiración. Debéis ser conscientes de las inspiraciones y las espiraciones. Normalmente inspiramos y espiramos sin ser conscientes de ello, pero no debe ser así; tenemos que ser conscientes de ese proceso. Será entonces cuando la mente esté despierta.

Amma

El *ahamkara* da paso al *manas*, que es la mente atada por el tiempo, el espacio, el nombre y la forma. Funciona completamente en el mundo de los sentidos. Por eso, la mente es tanto un órgano sensorial como uno de acción. Los sentidos reciben numerosas impresiones del mundo exterior que la mente, de acuerdo con los sentidos, percibe y formula como conceptos. La mente piensa, el intelecto determina y el ego cobra conciencia y se proyecta de nuevo en el mundo. Los *gunas* (cualidades universales) y los *tanmatras* (objetos de percepción) también son manifestaciones del *manas*. El *manas* se manifiesta a partir de las propiedades sáttvicas y rajásicas del *ahamkara*. Puede discernir y crear una existencia sáttvica y pacífica. También es necesario para que se produzca la acción. Hay un profundo dicho que ilustra muy bien este hecho: «La mente es un señor pésimo, pero un servidor excelente».

Un aspecto realmente importante para crear una salud equilibrada es contar con una mente sana. Una mente sana se desarrolla mediante una disciplina con amor. Según la *Charaka Samhita*, hay que cumplir unas normas mentales y morales, entre las que se encuentran:

- Respetar a Dios, los maestros, los santos y los ancianos.
- Ayudar a los demás en los momentos difíciles.
- Tomar decisiones firmes, no tener miedo, ser inteligente, ser valiente y saber perdonar.
- Evitar a las personas negativas, malvadas y codiciosas.

- Evitar los lugares indeseables, el alcohol y las drogas.

Para mantener una buena salud es vital tener una estricta disciplina mental y observar los valores morales. Una de las nociones claves del *ayurveda* explica que los códigos anormales de conducta producen estrés, y que los errores de juicio o la falta de este son la raíz de todo estrés. Un código de conducta mejor evita el estrés y puede liberar el cuerpo y la mente de trastornos físicos y mentales.

Siempre hay que tener presente que no nos vamos a liberar, sino que ya somos libres. Cualquier idea de que somos felices o no lo somos es un gran engaño.

Swami Vivekananda

Capítulo 6

Los tres gunas

*Om iccha sakti jnana sakti kriya
sakti svarupinyai namah*

Adoro a la que tiene la forma de los poderes
de la voluntad, el conocimiento y la acción.

Sri Lalita Sahasranama, estrofa 658

Los tres *gunas*, conocidos como *sattva*, *rajas*
y *tamas*, son las cualidades universales de las
fluctuaciones de la mente. Cada uno de ellos se
manifiesta a nivel cósmico universal y a nivel
individual, incluyendo nuestro propio cuerpo
y toda la naturaleza. Los tres *gunas* no están
nunca separados; se entremezclan y se apoyan
mutuamente tan íntimamente como la llama,
el aceite y la mecha de una lámpara. Forman la
sustancia misma de la *prakriti*. Todos los objetos
están compuestos por los tres *gunas* en interacción. En la *Chandogya Upanishad* se dice que el
sonido *OM* es la totalidad de los tres *gunas*. La
A corresponde a *sattva*, y es el estado de vigilia
o de conciencia subjetiva. Está representado por

Brahma, el Creador. La U es *rajas* y el estado de
soñar. Está representado por *Vishnu*, el Protec-
tor. La M es *tamas*, el estado de sueño yóguico en el que la conciencia está indiferenciada,
representado por *Shiva*, el Destructor o el gran
Transformador.

Los *gunas* son las cualidades o los estados
mentales originales y primarios. Estas frecuen-
cias vibratorias y actitudes se encuentran en la
mente y en toda la creación. Las tres cualidades
de la mente están directamente relacionadas con
los *doshas*. Son los *gunas* los que unen la conciencia al cuerpo físico. La naturaleza mental de
una persona se puede clasificar según estos *gunas*.
Los tres *gunas* son *sattva* (lo puro o la esencia),
rajas (el movimiento) y *tamas* (la apatía). Los
tres *gunas* se encuentran en toda la naturaleza así
como en la mente. El *ayurveda* ofrece una clara
descripción de las personas según su constitución
psíquica (*manas prakriti*). Todos los individuos
tienen una combinación de los tres, en la que
el *guna* predominante determina la naturaleza
mental del individuo.

Mientras están en equilibrio, los tres *gunas*
mantienen la mente en un estado saludable y,

hasta cierto punto, también el cuerpo. Los tres *gunas* son el tejido mismo de la creación pues impregnan todos los seres vivos y no vivos, tangibles e intangibles. El *guna* que predomina en un objeto determina la vibración que emite y su comportamiento. La perturbación de la armonía de los *gunas* da lugar a diferentes clases de trastornos mentales. Llegar a tener una mente sáttvica es la meta del *yoga* y del *ayurveda*.

Los tres *gunas* se manifiestan en nuestro cuerpo, mente y conciencia. Como son más sutiles que los *doshas*, las perturbaciones de los *gunas* crean perturbaciones en el cuerpo físico. Los *gunas* conforman nuestra disposición mental y nuestras inclinaciones espirituales. Todos tenemos alguna proporción de *sattva*, *rajas* y *tamas*. Lo importante es mantenerlos equilibrados y en armonía entre sí y con la *manas prakriti*. La meta del *yoga* es equilibrar y controlar *tamas*, *rajas* y *sattva* dentro de nuestra conciencia.

Sattva

A menudo se considera que es el estado más puro de la mente o la conciencia. *Sattva* es un estado interno del ser caracterizado por ser claro,

luminoso, inocente e imperturbable. De naturaleza satisfecha y divina, *sattva* es la unión de
la mente y del corazón. Es virtuoso, paciente
y compasivo: la mente en su estado natural de
puro ser.

Una mente sáttvica refleja claridad de percepción y paz mental. El que está dotado de una
naturaleza sáttvica está libre de sufrimiento y
es un faro que alumbra el mundo. Las personas
sáttvicas siempre están haciendo buenas acciones
y trabajando por mejorar la humanidad. *Sattva*
es la manifestación pura de la mente cósmica e
individual. El *sattva* es la luz pura, el *dharma*,
la conciencia, la creatividad y la capacidad de
observación. *Sattva* da la capacidad de discernir
y conocer y la destreza de conocer la verdad. En
su estado puro se manifiesta como paz, armonía,
satisfacción, compasión, amor incondicional,
altruismo, devoción y fe. *Sattva* es el equilibrio.
Cuando predomina *sattva* hay paz y tranquilidad. En esa circunstancia se impone sobre *rajas*
y *tamas*.

Rajas

Rajas es la naturaleza de movimiento y acción. Tiene la capacidad de observación. El *rajas* es la fuerza activa que hace que el *sattva* se ponga en acción. Cuando *rajas* está presente, la mente pura se ve perturbada, agitada y se activa. La mente se enfoca hacia el exterior y empezamos a desear. Por tanto, el *rajas* es la esencia del deseo. Es el más activo de los *gunas*, y caracteriza el movimiento y la estimulación. Todos los deseos y aspiraciones son resultado de *rajas*. Influye en todo lo que se emprende, incluso la mente pensante, lógica, racional. Produce indecisión, falta de fiabilidad, hiperactividad y ansiedad. *Rajas* causa lujuria y codicia de dinero, lujos materiales y comodidades. Cuando deseamos aparece el apego. Estos apegos son los que causan todo el sufrimiento. *Rajas* es egoísta y tiene en cuenta en primer lugar sus propios intereses, cueste lo que cueste. Si los deseos no se satisfacen, se produce más sufrimiento.

Cuando *rajas* está equilibrado con *sattva*, se expresa como amor y compasión. Cuando está perturbado aparecen la ira, la rabia, la hostilidad y la enfermedad. *Rajas* es la manifestación del ego o la individualización. Los cinco órganos de acción (boca, manos, pies, órganos reproductores y órganos excretores) proceden de *rajas*. La mente también es el principio activo de *rajas*.

Rajas es el principio activo, vital, móvil y en constante cambio. *Rajas* proporciona la *shakti* (energía) necesaria para que la creación pueda ser percibida. Encontramos *rajas* en el carácter cambiante de la mente y en los pensamientos que van sin descanso de un extremo al otro del espectro. La actividad se expresa como gustos y aversiones, amor y odio, atracción y repulsión es *rajas*. Es la energía que observa y percibe por medio del intelecto. Sin *rajas*, *sattva* sería inmóvil. *Rajas* es necesario para crear. Los sentidos, el mundo y la individualidad se experimentan por medio del *rajas*. Es la energía que nos hace tener deseos y buscar el placer de los sentidos. También es la energía que nos da la capacidad de discernir entre lo eterno y lo no eterno. Cuando *rajas* se vuelve dominante, se impone sobre *sattva* y *tamas*. Cuando está en armonía, destruye *tamas* y activa *sattva*.

Tamas

Tamas es la naturaleza de la destrucción, la disolución y la oscuridad. *Tamas* es la incapacidad de percibir la luz o la conciencia. El exceso de *tamas* es la inercia. La pesadez y la resistencia son las características de *tamas*. El engaño, la pereza, la apatía y la somnolencia son causados por él. *Tamas* tiene naturaleza sedante, causa dolor y sufrimiento y lleva a la depresión.

Tamas se manifiesta como emociones bloqueadas. Tiene la naturaleza de la destrucción, la degeneración y la muerte. Es el deseo insatisfecho almacenado en los recovecos del subconsciente. La presencia de *tamas* crea afán de venganza, violencia, odio, criminalidad y comportamientos psicopáticos. Su naturaleza es animal, engañosa, egoísta, materialista y demoníaca. Como *tamas* contiene todos los *doshas*, gobierna la tierra y los cinco elementos.

Capítulo 7

Los tanmatras

Los *gunas* se manifiestan como los *tanmatras* (las cinco percepciones sensoriales), los *jnanendriyas* (los cinco órganos sensoriales), los *karmendriyas* (los cinco órganos de acción) y los *pancha mahabhutas* (los cinco elementos). *Sattvaguna* es responsable de los cinco órganos sensoriales, los cinco órganos motores y la mente/conciencia. *Tamasguna* es responsable de las cinco percepciones sensoriales y los cinco elementos. *Rajasguna* conecta *sattvaguna* y *tamasguna*.

Los *tanmatras* o sentidos se manifiestan en todas las formas de vida de toda la creación. Los *tanmatras* y los *indriyas* surgen de la materia no manifiesta, la *prakriti*. Estas son las formas sutiles de los cinco elementos en su estado de ser como vibración. Los *tanmatras* son: *shabda* (el sonido), *sparsha* (el tacto), *rupa* (la forma o la vista), *rasa* (el sabor) y *gandha* (el olor). Estas realidades sutiles son las responsables de nuestra capacidad de sentir y objetivar el mundo exterior. *Shabda* se relaciona con el elemento éter, *sparsha* con el aire, *rupa* con el fuego, *rasa* con el agua y *gandha* con la tierra.

Los *tanmatras* están directamente relacionados con los *mahabhutas*. Todo lo que hay en este universo consiste en diferentes combinaciones de estos cinco elementos: éter, aire, fuego, agua y tierra. Representan las formas etéreas, gaseosas, radiantes o luminosas, líquidas y sólidas que componen el universo físico, incluidos nuestros cuerpos. Cada elemento se corresponde y relaciona con uno de los *tanmatras* de una manera dinámica y creativa. El éter se corresponde con el sonido/oído, el aire con el tacto, el fuego con la vista, el agua con el gusto y la tierra con el olfato.

Los *tanmatras* y los cinco elementos también se relacionan directamente con los *jnanendriyas* y los *karmendriyas*, y se expresan mediante ellos. Los cinco órganos sensoriales son el oído, la piel, los ojos, la lengua y la nariz. El oído está relacionado con *shabda*, el sonido y el elemento éter; la piel con *sparsha*, el tacto y el elemento aire; los ojos con *rupa*, la vista y el elemento fuego; la lengua con *rasa*, el gusto y el elemento agua; la nariz con *gandha*, el olfato y el elemento tierra. Los cinco órganos de acción también están relacionados con los cinco órganos sensoriales y los cinco elementos. Son la boca, las manos, los pies, los órganos urogenitales o reproductores y el ano. La corresponde al elemento éter y el sonido (*shabda*). Las manos están relacionadas con el elemento aire (*sparsha*) y el tacto. Los pies están relacionados con el elemento fuego (*rupa*) y la vista. Los órganos urogenitales o reproductores están relacionados con el gusto y el elemento agua (*rasa*); y el ano se relaciona con el olfato y el elemento tierra (*gandha*).

Todos estos órganos sensoriales son los responsables de nuestras experiencias relativas y hacen que la conciencia adquiera forma. Cada uno de los órganos, elementos, *tanmatras* y órganos sensoriales tiene características exclusivas que constituyen el mundo temporal.

Capítulo 8

Los cinco elementos

Trata bien la Tierra. No te la han dado tus padres; te la han dejado tus hijos. No heredamos la Tierra de nuestros antepasados; la tomamos prestada de nuestros hijos.

Proverbio nativo americano

La conciencia toma forma como los cinco grandes elementos mediante los cuales conocemos la creación. Todos los objetos del mundo exterior, que son muchos, están compuestos de estos elementos. Los *mahabhutas* se perciben en el reino sutil, que no es físico. Desde el espacio/ éter y dentro de él emana el aire (finura, ligereza, espaciosidad), después el fuego (energía), luego el agua (flujo, fluidez) y finalmente la tierra (solidez, forma).

En la vida cotidiana, es conveniente ser consciente de los elementos y del papel vital que desempeñan en el mantenimiento de la creación. Esta conciencia nos lleva a la gratitud, que a su vez nos conduce al amor y la paciencia.

Cuando vivimos la vida con gratitud, estamos en paz con nosotros mismos y con la naturaleza. Amma concede una gran importancia a los cinco elementos y al papel vital que desempeñan. Amma dice:

En la creación de Dios no hay materia inerte. Sin tierra no podemos vivir. La tierra es el sustrato de nuestra vida. Por eso, la verdad eterna (el *sanatana dharma*) nos enseña a adorar a la Madre Tierra. Al rendir culto a la Madre Tierra evitamos la degradación ecológica. Del mismo modo, se adora el agua como Dios porque sin agua no podemos vivir. También se adora a *agni* (el fuego). Necesitamos calor para vivir. El calor y el frío extremos harían imposible la vida. Así que necesitamos un equilibrio adecuado de todos los recursos naturales. Lo mismo podemos decir del aire. Por eso en el hinduismo se adora a los cinco grandes elementos. En el *sanatana dharma* se nos enseña a visualizar la unidad en la diversidad.

Los cinco elementos son la base de todas las cosas que forman parte de la creación. El principio básico del *ayurveda* consiste en equilibrarlos de una manera distinta para cada ser humano.

Éter o espacio

El espacio es donde vivimos y el lugar en que todo sucede. Es el contenedor de la creación. También se le puede llamar el escenario en el que se desarrolla la *lila* (el juego divino). Las células del cuerpo también contienen espacio. El éter es el más sutil de todos los elementos. El éter se manifiesta como ideas puras e inspiración, y permite la conectividad y el intercambio entre todas las cosas. Se manifiesta como la expresión de sí mismo, que mantiene el espacio necesario para que nazca la creación. Es amplio, sutil, ligero, claro, infinito y eterno. El éter viene de la conciencia y la mente, y después vuelve a la conciencia. Cuando el éter sale de su estado original, no-manifiesto, se convierte en aire.

Aire

El aire es transparente y elevado, y provoca actividad dentro del espacio. Las funciones biológicas que se originan a partir de las sensaciones se consideran funciones del aire. Del mismo modo, los movimientos del pensamiento y los deseos, que son funciones de la mente, también se consideran funciones del aire. El aire es ligero, móvil, claro, seco, áspero y voluble como el viento cambiante. Es el movimiento sutil al que se debe la fuerza direccional. El aire está en un constante flujo, siempre cambia. Es el poder de propulsión y, cuando se mueve suficientemente rápido, causa fricción y crea luz o fuego.

Fuego

Los movimientos causan fricción y así producen el calor que llamamos fuego, el tercer elemento. Este proceso hace que la materia pase de un estado a otro. El fuego ayuda en las funciones del cuerpo, por ejemplo la digestión y la absorción. El fuego es caliente, agudo, líquido o fluido, penetrante, ligero, luminoso, ascendente y dispersante. El elemento fuego también produce la percepción. El fuego irradia calor y orienta (interna y externamente) mediante la vista y la intuición. Cuando el fuego se condensa se convierte en agua.

Agua

El agua representa el estado líquido y es necesario para la supervivencia de todos los seres vivos. Nuestro cuerpo está compuesto principalmente de agua. Los fluidos corporales, incluida la sangre, la saliva y las hormonas, ayudan a nuestro cuerpo a transportar la energía y eliminar los productos de desecho. El agua es fluida, pesada, húmeda, lubricante, refrescante, suavizante, cohesionante y estable. Forma parte del impulso que alimenta y alumbra la vida y está relacionada con los órganos reproductores y el proceso de la concepción. El agua también es como el seno materno en su cualidad nutriente, y da a luz ideas y procesos nuevos y creativos. Cuando el agua se coagula, se convierte en tierra.

Tierra

La tierra representa el estado sólido. Las estructuras sólidas y estables del cuerpo humano se crean a partir del elemento tierra. Este alimenta y da sustento a todas las cosas vivas generando así un sentimiento de permanencia y seguridad. La tierra es espesa, densa, dura, sólida, pesada y estable.

Cada elemento contiene una décima parte del elemento anterior. El éter es el sustrato autosubsistente en el que tiene lugar la creación. El éter está en el aire. El aire y el éter están en el fuego. El fuego, el aire y el éter están en el agua. Y todos los elementos existen en la tierra.

Los *doshas* (constituciones corporales) surgen de los cinco elementos. El concepto de *dosha* fue desarrollado por los *rishis* del *ayurveda,* para diferenciar entre los seres sensibles y los insensibles. El *sarira* (cuerpo humano) está hecho de los *pancha mahabhutas.* La vida solo florece cuando el *Atma,* los *indriyas* y el *manas* se unen en la estructura humana. Los *doshas* son las unidades biológicas del cuerpo vivo y a ellos se deben todas sus funciones.

Hay tres *doshas*: *vata, pitta* y *kapha.* Cada uno de ellos es una combinación de los *mahabhutas. Vayu* (el viento) y *akash* (el espacio) forman el *vata; agni* forma *pitta* y *jala* (el agua) y *prithvi* (la tierra) forman el *dosha kapha.*

La palabra *dosha* procede de la palabra *dusha,* que significa «estropear». Los *doshas* mantienen y nutren el cuerpo mientras se encuentran en un estado de equilibrio, pero cuando se estropean producen enfermedades.

Los principios de la filosofía *sankhya* constituyen la base y el sustrato del *ayurveda.* El camino del *ayurveda* es un medio para despertar.

Cuando la conciencia del Ser se despierta en nuestra conciencia, somos eternamente libres. Las escrituras dicen que el universo entero reside dentro del Ser. Todos los principios del *sankhya* forman parte de ese Ser único. Que a medida que vayamos incorporando los principios del *ayurveda* a nuestras vidas despertemos completamente en el viaje de la oscuridad a la luz, de la muerte a la inmortalidad.

> *Un ser humano forma parte del todo,*
> *al que llamamos el Universo.*
>
> Albert Einstein

Capítulo 9

Los doshas y los gunas

Los doshas

El principio más fundamental y característico del *ayurveda* es el *tridosha*, los tres humores. Toda la materia está compuesta de los cinco elementos (los *pancha mahabhutas*), que tienen las propiedades de la tierra (*prithvi*), el agua (*jala*), el fuego (*tejas*), el viento (*vayu*) y el espacio (*akasha*). Toda la creación es una danza o juego de estos cinco elementos. El aspecto estructural de nuestro cuerpo está hecho de estos cinco elementos, pero el aspecto funcional del cuerpo se rige por los tres *doshas*. Como hemos dicho, el éter y el aire constituyen *vata*, el fuego constituye *pitta* y el agua y la tierra constituyen *kapha*. Ellos rigen los cambios psicobiológicos y fisiopatológicos del cuerpo. *Vata*, *pitta* y *kapha* están presentes en todas las células, los tejidos y los órganos.

Hay que entender que los *doshas* son manifestaciones sutiles y omnipresentes. *Vata* regula los movimientos y rige el sistema nervioso. *Pitta* es el principio de la biotransformación y regula los procesos metabólicos del cuerpo. *Kapha* es el principio de cohesión que actúa mediante los fluidos del cuerpo. Los tres *doshas* se manifiestan en combinaciones diferentes en cada individuo, determinando así su constitución fisiológica (*prakriti*). *Vata*, *pitta* y *kapha* se manifiestan de forma diferente en cada ser humano, en función del *guna* que predomine.

La palabra *dosha* en realidad significa «viciado» o «desequilibrado». Los desequilibrios se producen debido a diversos factores, como por ejemplo una alimentación inadecuada, cambios estacionales, estrés físico o mental, etc. Los desequilibrios se producen para proteger el cuerpo del daño físico. Cuando están en armonía, los *doshas* mantienen el equilibrio en nuestro interior. Los *doshas* son los responsables de los procesos biológicos, psicológicos y fisiopatológicos del cuerpo, la mente y la conciencia. Pueden mantener la homeostasis o sembrar el caos en nuestras vidas cuando se ven perturbados. Cada individuo de la creación es una combinación única de los tres *doshas*. Mientras los *tridoshas* están equilibrados, el individuo está saludable en todos los niveles: mental, físico y espiritual.

Cuando se producen las siguientes características, se dice que los *doshas* están equilibrados y se ha conseguido un estado de salud armonioso:

- Felicidad – sensación de bienestar
- Emociones – estados emocionales equilibrados
- Funciones mentales – buena memoria, comprensión, inteligencia y capacidad de razonamiento
- Sentidos – buen funcionamiento de los ojos, oídos, nariz, gusto y tacto
- Energía – abundante energía mental y física
- Digestión – fácil digestión de alimentos y bebidas
- Eliminación – eliminación normal de desechos: sudor, orina, heces y otros
- Cuerpo físico - tejidos, órganos y sistemas corporales saludables

En general, hay dos tipos de desequilibrios: los naturales y los no naturales. Los naturales se deben al paso del tiempo y a la edad. Estos desequilibrios naturales pueden ser rectificados por medio de ajustes en el estilo de vida. Los desequilibrios no naturales de los *doshas* pueden estar causados por una alimentación o estilo de vida inadecuados, traumas físicos, mentales o emocionales, virus, parásitos, etc. Aunque algunos de estos factores están fuera de nuestro control, sí que podemos controlar la forma en que vivimos, los alimentos que tomamos y nuestras acciones. Si seguimos un estilo de vida adecuado para nuestro *dosha* personal, podemos reducir al mínimo las perturbaciones no naturales.

Los gunas

Los *doshas* están compuestos de los cinco elementos. El *ojas*, el *tejas* y el *prana* son formas muy sutiles de los *doshas*. Estos tres son los aspectos positivos y vitalizadores de los *doshas*. El *prana* es nuestra fuerza vital y la energía curativa de *vata*. El *tejas* es nuestra luz interior y la energía curativa de *pitta*. El *ojas* es la principal reserva de energía del cuerpo y se manifiesta a partir de *kapha*. En el *ayurveda* se desea reducir los excesos de los *doshas* para prevenir la enfermedad, y adquirir más *prana*, *tejas* y *ojas* para tener una buena salud. Una persona con un *prana* fuerte y saludable tiene vitalidad, buena respiración, circulación, movimiento y capacidad de adaptación. Una persona dotada de un buen *tejas* posee resplandor, brillo en los ojos, claridad, intuición, valentía, compasión e intrepidez. Una persona con un fuerte *ojas* posee gran inmunidad, resistencia, calma y satisfacción. Al igual que ocurre con los *doshas*, es necesario que los *gunas* estén en consonancia entre ellos y con nuestra conciencia, proporcionándonos así resistencia física, psicológica y espiritual.

El *prana*, *tejas* y *ojas* son las manifestaciones divinas de los tres *doshas*. Según el *ayurveda*, cuando los *doshas* están demasiado altos o bajos provocan enfermedades; sin embargo, el *prana*, *tejas* y *ojas*, a diferencia de los *doshas*, promueven la salud, la creatividad, el bienestar y son la base de una *sadhana* más profunda. El *prana*, *tejas* y *ojas* no causan enfermedades. Son las manifestaciones radiantes de nuestra vida. Solo caemos enfermos cuando están desequilibrados o hay escasez de alguno de ellos. Al igual que sucede con todas las cosas de la creación, su exceso o defecto puede surgir cuando el *prana*, *tejas* y *ojas* están desequilibrados.

Ojas

El factor más decisivo para el bienestar es el *ojas*. *Ojas* es el poder originario esencial, nuestra energía básica. Es la reserva vital acumulada, la base de la energía física y mental. *Ojas* es la esencia interiorizada de los alimentos digeridos, el agua, el aire, las impresiones y los pensamientos. Internamente, es el responsable de la nutrición y el desarrollo de todas las funciones superiores. *Ojas* es nuestra vitalidad central. Es la capacidad básica de nuestro sistema inmunitario para defendernos de los agentes patógenos externos. *Ojas* proporciona resistencia, aguante y fuerza para protegerse de la enfermedad. No solo da inmunidad física, sino también emocional y mental. Es una sustancia muy sutil que da fuerza a los tejidos, los órganos y los procesos corporales. *Ojas* se expresa en las cualidades maternales de la atención y el amor. Sin *ojas* nos quedamos sin vida. *Ojas* es la vibración pura del amor y la compasión en el corazón. Cuando estamos llenos de amor, el sistema inmunitario tosco y sutil está muy fuerte y la enfermedad no puede penetrar en el cuerpo. *Ojas* es el producto de los pensamientos y las acciones puras, así como del consumo de impresiones y alimentos puros. Nos da fuerza mental, satisfacción, pureza, paciencia, calma, adaptabilidad y excelentes facultades mentales. *Ojas* se puede incrementar y mantener mediante una dieta adecuada (sáttvica, vegetariana o vegana), el uso de plantas tónicas, control sensorial (incluyendo el celibato o el uso adecuado de la energía sexual) y el *bhakti yoga* (incluyendo la *seva*).

Tejas

Tejas es nuestra luz interior y la energía sutil del elemento fuego, *pitta*. Es la vitalidad mental radiante que nos permite digerir el aire, las impresiones y los pensamientos. En el nivel interno, revela capacidades perceptivas superiores. *Tejas* es el fuego del intelecto, el conocimiento y la razón. Da el poder del discernimiento adecuado, como el de diferenciar lo que es eterno de lo que no lo es o lo correcto de lo incorrecto. *Tejas* es la fuerza de la *sadhana* (prácticas espirituales), como la autodisciplina, el estudio de las escrituras y el *mantra japa*. *Tejas* es necesario para el *jnana yoga*, el *yoga* del conocimiento. Da claridad al habla y a la mente, así como valor y fe. Confiere la capacidad de conocer el Ser y la resistencia necesaria para perseverar en el camino hacia lo Uno. Prácticas como el *atma-vicharya* (la indagación de uno mismo) aumentan la intensidad de *tejas* en la mente y el corazón.

Como *ojas*, *tejas* es una parte esencial de nuestra inmunidad. *Tejas* es la capacidad que tiene nuestro sistema inmunitario de quemar y destruir toxinas. Cuando se activa, produce fiebre para destruir los agentes patógenos que asaltan el cuerpo. *Tejas* es nuestra capacidad de atacar y superar las enfermedades agudas, que suelen ser de naturaleza infecciosa. Como fuego, es el poder de digerir y transformar nuestros alimentos, pensamientos, emociones y acciones. Los que cuenten con un *tejas* fuerte tendrán los ojos brillantes y penetrantes, la piel reluciente y una personalidad atractiva.

Tejas se puede aumentar y mantener practicando *tapas* (la purificación por medio del calor o de las prácticas espirituales), como por ejemplo el control de la lengua (mediante el ayuno y el silencio). A menudo se dice que si no podemos controlar la lengua, nunca seremos capaces de

controlar la mente. La recitación de *mantras* es
una excelente manera de controlar la pureza de la
lengua y de la mente. El estudio de las escrituras
también es muy beneficioso. Hay que realizar
prácticas espirituales bajo la guía de un maestro
competente para evitar que *tejas* se eleve demasiado. Si aumenta demasiado, puede disminuir
ojas y dañar el sistema nervioso.

Prana

El *prana* es nuestra fuerza vital y la energía sutil
del elemento aire, *vata*. Es la fuerza divina y la
inteligencia que guía todas las funciones psico-
físicas; por eso se encarga de la coordinación de
la respiración, los sentidos y la mente. En el nivel
interno, despierta y equilibra todos los estados
elevados de la conciencia. El *prana* rige todos
los aspectos de nuestra vida física y espiritual.
El *prana* es nuestra capacidad de coordinarnos
y hablar. Es la esencia del sonido y rige todos los
mantras. Es el aliento que da vida; literalmente
infunde la vida a toda la creación. Es nuestro
impulso creativo y nuestro deseo de evolución.
El *prana* es la activación vigorizante de las
funciones naturales del sistema inmunitario

para que proyecten y desarrollen nuestra fuerza vital. Se manifiesta cuando luchamos contra las enfermedades crónicas. Es la adaptabilidad del sistema inmunitario y la base de todos los procesos curativos a largo plazo. Con suficiente *prana*, *tejas* y *ojas* ninguna enfermedad puede afectarnos.

El *prana* aumenta por medio de prácticas como la meditación, el *pranayama*, el *hatha yoga* y la recitación de *mantras*, especialmente *AUM*. El *prana* es el factor unificador de *ojas* y *tejas*. Cuando *ojas* está presente, surge *tejas*. El *prana* se desarrolla a partir de la unión de *ojas* y *tejas*. *Ojas* y *tejas* no podrían mantenerse sin *prana*.

Capítulo 10

Los dhatus

Hay siete *dhatus* o capas de tejidos en el cuerpo humano. La traducción literal de la palabra *dhatu* es «mantener unidos», «consolidar» o «construir». Los *dhatus* son las capas de tejido corporal que sostienen y mantienen unido el cuerpo. Los nutrientes que recibimos de los alimentos digeridos crean los *dhatus*. Cada tejido está regido por uno de los tres elementos y cada *dhatu* se desarrolla a partir de la capa de tejido anterior, empezando por el *rasa* (plasma). Si el plasma no está saludable, el resto de las capas se verán afectadas. Cada *dhatu* produce un tejido secundario conocido como su *upadhatu*, además de una clase de *mala* (material de desecho).

Los *dhatus* son los lugares del cuerpo en los que se manifiestan las enfermedades. De cada *dhatu* puede haber un exceso, un déficit o puede estar en equilibrio en relación con el resto del cuerpo. Cuando un *dhatu* está enfermo o dañado afecta al siguiente *dhatu* y después al siguiente, debido a que cada uno recibe sus nutrientes del anterior.

Los siete *dhatus* por orden de producción son *rasa* (plasma), *rakta* (sangre), *mamsa* (músculo), *meda* (grasa), *asthi* (hueso), *majja* (médula y nervios) y *shukra/artava* (fluidos reproductivos masculino/femenino). Cada *dhatu* se forma a partir del *dhatu* precedente. *Rasa* se convierte en *rakta*, *rakta* en *mamsa*, *mamsa* en *meda*, *meda* en *asthi*, *asthi* en *majja* y *majja* se convierte en *shukra* y *artava*. La formación del *ojas* es el producto final del proceso nutricional de los *dhatus*.

Los siete dhatus

1. *Rasa dhatu* (tejido plasmático). *Rasa* se forma a partir de los alimentos digeridos y después nutre a todos los tejidos y las células del cuerpo. Es análogo al plasma. Los *upadhatus* del *rasa* son la leche materna y la sangre menstrual. El *mala* del *rasa dhatu* es la flema.

2. *Rakta dhatu* (tejido sanguíneo). *Rakta* está considerado la base de la vida y es análogo a las células de la sangre en circulación. Nutre los tejidos del cuerpo y proporciona fuerza física y color al cuerpo. Los *upadhatus* del *rakta* son

los vasos sanguíneos, la piel y los tendones. El *mala* del *rakta dhatu* es la bilis.

3. *Mamsa dhatu* (tejido muscular). *Mamsa* es el tejido muscular y su función principal consiste en proporcionar fuerza física y soporte al *meda dhatu*. Los *upadhatus* de *mamsa* son los ligamentos y la piel. El *mala* producido por *mamsa* es el material de desecho de las cavidades corporales externas, como por ejemplo la cera de las orejas y las costras nasales.

4. *Meda dhatu* (tejido graso). *Meda* consiste en tejido adiposo (grasa) y da sostén al *asthi dhatu*. *Meda* lubrica el cuerpo. El *upadhatu* de *meda* es el mesenterio, la grasa peritoneal del abdomen. El *mala* del *meda dhatu* es el sudor.

5. *Asthi dhatu* (tejido óseo). *Asthi* comprende el tejido óseo e incluye el cartílago. Su función principal es dar apoyo a los *dhatus majja* y *mamsa*. El *upadhatu* de *asthi* son los dientes. El *mala* del *asthi dhatu* son las uñas y el pelo.

6. *Majja dhatu* (tejido medular y nervioso). *Majja* comprende los tejidos de la médula ósea, el sistema nervioso y el cerebro. Su principal función es la de lubricar el cuerpo. Es una sustancia muy suave y gelatinosa que llena la cavidad ósea.

El *upadhatu* de *majja* es el líquido esclerótico de los ojos. El *mala* del *majja dhatu* son las lágrimas y las demás secreciones de los ojos.

7. *Shukra dhatu* y *artava dhatu* (semen y tejido reproductivo). La función principal del tejido reproductivo es la de ayudar en la reproducción y fortalecer el cuerpo. El *upadhatu* de los *dhatus shukra* y *artava* es *ojas*. El *mala* de estos *dhatus* es el esmegma, el material de desecho segregado por los genitales.

Capítulo 11

Los malas

Mala es el desecho de nuestro cuerpo. La palabra *mala* significa «malo» o «manchado». Los tres *malas* se corresponden con las tres clases de materiales de desecho del cuerpo: heces, orina y sudor. Al igual que los órganos y los *dhatus*, los *malas* pueden presentar cuatro clases de desequilibrios: exceso, deficiencia, daño y aumento/disminución.

Heces

La acumulación o el exceso de heces (*purisha*) puede causar dolor abdominal, calambres abdominales, estreñimiento, pesadez y excreción dolorosa. La deficiencia produce gases, deshidratación intestinal, distensión abdominal, dolor lumbar, palpitaciones, dolor corporal generalizado y prolapso del colon. La deficiencia se debe generalmente a la sequedad que se produce cuando el *vata* está alto. Las heces se pueden dañar por un uso excesivo o incorrecto de purgas o irrigación del colon, comer alimentos inadecuados para un determinado *dosha*, combinaciones inadecuadas de alimentos, un uso incorrecto del sexo, un exceso de movimiento o viajes, estimulantes, drogas, antibióticos y parásitos. La cantidad de heces puede aumentarse utilizando laxantes como *triphala* y *chitrak*, o mediante el consumo de salvado, cereales integrales, tubérculos y verduras de hoja oscuras. Las heces pueden disminuirse ayunando, utilizando purgantes y consumir alimentos ligeros o jugos de frutas.

Orina

El exceso de orina (*mutra*) puede causar dolor, calambres o presión en la vejiga, micción frecuente o sensación de tener que orinar de nuevo inmediatamente después de haberlo hecho. Su deficiencia puede provocar dificultad al orinar, micción escasa, decoloración, sangre en la orina y sed. El sistema urinario se daña por el uso excesivo de plantas diuréticas, medicamentos, alimentos, alcohol y sexo, así como por perturbaciones emocionales, como por ejemplo un shock repentino o un traumatismo en el cuerpo. La orina aumenta al ingerir líquidos y disminuye al no tomar líquidos o al estar expuesto a mucho calor, como ocurre en la sauna o el baño turco.

Sudor

El exceso de sudor (*svedha dhatu*) causa sudoración profusa, mal olor corporal y erupciones en la piel, como por ejemplo eczemas, psoriasis, forúnculos y hongos. Su deficiencia produce rigidez y sequedad del pelo y la piel, piel seca y arrugada, caspa y otros problemas de la superficie corporal. *Svedha* se ve dañado por un uso excesivo de diuréticos, saunas, baños turcos, ejercicio (según el tipo de cuerpo) y alimentos secos. También se puede dañar debido a la falta de sal en la dieta. El ejercicio extremo o inadecuado (según el *dosha* de cada uno) también perjudica la producción de sudor. Se puede sudar más tomando zumos de fruta agria con sal y mediante la exposición al calor, ya sea en saunas, jacuzzis o baños turcos. Disminuye mediante la exposición al frío y la disminución del consumo de agua.

Capítulo 12

Ama

El *ama* es un concepto exclusivo de *ayurveda*. Es un factor esencial como causa de la enfermedad y del proceso de la enfermedad. El *ama* se inicia con unas partículas tóxicas indebidamente digeridas o procesadas que obstruyen los canales físicos del cuerpo. Estos canales son los intestinos, el sistema linfático, las arterias y las venas, los capilares y el tracto genitourinario. El *ama* se acumula donde quiera que haya una debilidad en el cuerpo y provoca enfermedades. Hay cinco causas principales de *ama*.

Causas del ama

1. Agni-mandya – Fuego digestivo bajo

El fuego digestivo es un componente esencial para conseguir una digestión adecuada y completa de los alimentos. Cuando el fuego digestivo está bajo, los alimentos no se digieren correctamente y se forman toxinas. La absorción se vuelve lenta y esos alimentos o toxinas mal digeridos quedan retenidos en los intestinos. Esta retención hace que las toxinas fermenten y se pudran en los intestinos. El *ama* permanece allí, sin ser absorbido. La digestión incompleta es la causa que origina la mayoría de las enfermedades.

2. Dhatu-agni-mandya – Fuego bajo en los tejidos

El *dhatu-agni* (*dhatvagni*) desempeña un importante papel en el proceso de formación de los tejidos a partir de las sustancias nutritivas. Cuando disminuye la fuerza del *dhatvagni* de un determinado tejido, sea en el hígado o en un canal, la nutrición y la construcción de ese tejido queda incompleta y se produce *ama*. A la presencia de toxinas en los tejidos se la denomina *samadhatu* o tejidos que contienen *ama*. Esta clase de patología aparece en la mayor parte de las enfermedades. En la diabetes, se forman tejido graso (*meda dhatu*) y muscular (*mamsa mamsa*) como tejidos *sama* a causa de la disminución de *agni* en el tejido graso y el muscular. Eso perturba el funcionamiento normal de las actividades de esos tejidos. En casos de obesidad, se produce una clase similar de tejido graso debido al débil *meda dhatu agni*, es decir, fuego del tejido graso.

3. *Mala sanchaya* – productos de desecho acumulados

Agni transforma las sustancias alimenticias en tejidos corporales. Primero produce una sustancia nutritiva que se convierte en tejidos en la segunda fase de la digestión. Este proceso, conocido como digestión secundaria o de los tejidos, es la actividad anabólica del fuego de los tejidos. La acción del fuego de los tejidos sobre sustancias nutritivas hace que se produzcan diferentes tejidos. Esos tejidos se utilizan para la liberación de la energía requerida por todas las actividades corporales. Durante este proceso, el fuego de los tejidos digiere, transforma y utiliza de nuevo las sustancias de los tejidos para liberar calor y energía. Es el proceso catabólico. Durante esta actividad de desintegración de los tejidos se forman desechos diminutos y sutiles llamados *kleda*. Disponer de pequeñas cantidades de *kleda* es esencial para el cuerpo. Su exceso se excreta. Si esta excreción es defectuosa o deficiente, el *kleda* se acumula en el cuerpo y provoca la formación de la sustancia tóxica *ama*.

4. Dosha sammurcchana – Interacción entre *doshas* viciados.

Cada *dosha* tiene cualidades exclusivas que son antagónicas a las cualidades de los otros *doshas*. Por ejemplo, las cualidades de sequedad y ligereza de *vata* son antagónicas a las cualidades aceitosas y pesadas de *kapha*. Del mismo modo, la cualidad caliente de *pitta* es antagónica a la cualidad fría de *kapha* y *vata*. Cuando dos o tres *doshas* están muy viciadas y se combinan, se producen reacciones específicas entre ellas. Estas condiciones producen cualidades opuestas que, en lugar de anularse entre sí, se relacionan unas con otras y producen *ama*.

5. Krimi visha – Toxinas bacterianas

Cuando los organismos patógenos causan una infección, liberan una sustancia tóxica. Entre los organismos patógenos se encuentran los mohos, los hongos, las levaduras, los gusanos, las bacterias y diversos parásitos.

Signos y síntomas del ama

• En cualquiera de los canales (*srotas*) pueden producirse obstrucciones. Las más comunes son las de hígado, tracto urinario, trompas de Falopio, vasos sanguíneos y tractos gastrointestinal y respiratorio.
• Debilidad o deficiencia de cualquier parte u órgano corporal. Obstrucción del movimiento de *vata*: el *ama* provoca alteraciones en la acción de la musculatura de esa parte u órgano y en la transmisión de los impulsos nerviosos. Finalmente, la actividad de la parte afectada disminuye o se detiene por completo.
• Pesadez y apatía
• La lengua se cubre con una película de color blanquecino, espesa o grasa, sobre todo al levantarse por la mañana.
• Perturbaciones metabólicas y digestivas como hinchazón, gases, estreñimiento, diarrea, heces pegajosas o pesadas, heces con mucosidad o sangre, fiebre, orina turbia, manchas en la piel y heces, aliento, sudor, orina y flema malolientes.
• Falta de claridad y energía mental, sensación de cansancio o falta de entusiasmo. Incluso se puede experimentar depresión.

Los síntomas modernos del ama

Triglicéridos elevados, aterosclerosis, diabetes del adulto, niveles altos de azúcar en sangre, depresión, factor reumatoide, aumento excesivo de la bacteria H. pylori, leucocitosis o leucopenia (escasez o exceso de glóbulos blancos en la sangre), exceso de anticuerpos, Cándida albicans en los intestinos y en el útero, urea en la sangre, gota, exceso de plaquetas, niveles altos de inmunoglobulina E debidos a reacciones alérgicas, exceso de glóbulos rojos, cálculos biliares como síntoma de exceso de bilis, piedras en los riñones indicativas de calcio y oxalatos no metabolizados, niveles altos de enzimas en el hígado, glaucoma, infecciones bacterianas, fiebre y tumores.

Efectos del ama

Cuando el *ama* entra en contacto con los *doshas*, los *dhatus* o con productos de desecho, produce *sama dosha*, *sama dhatu* y *sama mala*. El *ayurveda* describe los síntomas de estas fases: *sama* (cuando hay *ama*) y *nirama* (cuando no hay *ama*) en los *doshas*, los *dhatus* y los *malas* para todas las enfermedades.

La causa subyacente de cualquier enfermedad es un desequilibrio en uno o en todos los *doshas*. Para tratar con éxito una determinada enfermedad, el médico ayurvédico debe determinar si el *dosha* desequilibrado es *sama* o *nirama*.

Capítulo 13

Agni

Agni es el principio transformador del fuego. Es la fuente de la luz y el amor en el universo. Sin luz y amor no tenemos fuerza vital (*prana*). Sin amor la vida resulta vacía y sin sentido. En el nivel sutil *agni* es *tejas*, el aspecto iluminador de la conciencia que gobierna nuestros procesos mentales. Genera nuevas ideas e inspiración, además de la energía necesaria para manifestarlas. Cada *dosha*, cada *dhatu*, cada *kosha*, cada órgano y cada parte de la naturaleza tiene su propio *agni*. Como aspecto ígneo de los cinco cinco grandes elementos (*pancha mahabhutas*), está en nuestro cuerpo como *pitta dosha*. *Agni* es el fuego que hay dentro de nuestro cuerpo.

Agni está presente en todas las transformaciones que se producen en el cuerpo y la mente, de las densas a las sutiles. Entre estos cambios se encuentran la digestión y absorción de alimentos, las transformaciones celulares, la asimilación de las percepciones sensoriales y las experiencias mentales y emocionales. El proceso de *agni* abarca toda la secuencia de interacciones y cambios químicos del cuerpo y la mente. Gobierna el metabolismo del cuerpo en general.

De los cuarenta *agnis* que hay en el cuerpo humano, los principales son el *jatharagni* (el fuego digestivo del estómago), los *dhatvagnis* (los siete *dhatu agnis*), y los cinco *bhutagnis* (las enzimas hepáticas que procesan los componentes de los alimentos y los convierten en tejidos corporales). También hay *agnis* de cada *srota* (canal). Sin *agni* los *dhatus* no reciben alimento y se manifiesta la enfermedad.

El *agni* más importante es el *jatharagni*, el fuego gástrico o digestivo, que se encarga de la digestión de los alimentos. Este *agni* es el correlato del ácido clorhídrico del estómago y las enzimas digestivas y jugos segregados en el estómago, el duodeno y el intestino delgado. El *jatharagni* es el principal *agni* responsable de la digestión y la absorción de nutrientes a partir de los alimentos.

El *agni* equilibrado desempeña un papel esencial en el mantenimiento de una salud óptima, ya que es necesario para destruir el *ama*. Dado que *agni* está presente en todos los tejidos y células del cuerpo, es un componente necesario para el mantenimiento de la nutrición y el mecanismo de autoinmunidad. Destruyendo el *krumi* (microorganismos, bacterias extrañas y toxinas que hay en el estómago y los intestinos), *agni* ayuda a conservar la salud e interrumpir el proceso de la enfermedad.

Agni nos protege tanto de los trastornos externos como de los internos. La perturbación o debilidad del *agni* significa que el equilibrio básico de los *doshas* se ha visto alterado. Un metabolismo perturbado o debilitado, una inmunidad vulnerable y una resistencia inmune baja son consecuencia de un *agni* disminuido. Cuando se debilita *agni*, la comida no se digiere correctamente. *Agni* no activará adecuadamente la cadena de formación nutricional de los siete *dhatus*. En lugar de crearse *ojas*, se creará *ama* que se acumulará en el cuerpo, obstruyendo sus canales y haciendo que se manifieste la enfermedad. El funcionamiento de *agni* depende de muchos factores, entre los que se incluyen el alimento, el vestido y el alojamiento. También depende de los cinco sentidos: lo que vemos, oímos, olemos, gustamos y tocamos. Las percepciones negativas o perturbadoras pueden contribuir a una mala salud. Las percepciones sensoriales positivas y amorosas facilitan el bienestar.

Segunda parte –
Los cimientos de la salud

Capítulo 14

El camino hacia la salud

*Cuidar el cuerpo es un deber; de lo contrario
nuestra mente no estará fuerte y clara.*

Buda

*Si hay un método mejor que otro, puedes
estar seguro de que es el método natural.*

Aristóteles

*Ahora mismo la obligación apremiante de
todo ser humano es cuidar la naturaleza
realizando acciones desinteresadas y llenas de
amor mutuo, fe y sinceridad. Si hacemos esto,
la naturaleza nos bendecirá con abundancia.*

Amma

Lo primero que hay que comprender es que
todas nuestras enfermedades, ya sean agudas

o crónicas, son el resultado directo de un *agni* desequilibrado, un *ama* acumulado y un *mala* defectuoso. En el *ayurveda* hay un aforismo que dice: «*Mandaagnou sakala rogo moolam*», que significa que la mala digestión es la causa de todas las enfermedades. Otras causas, como son los ataques víricos, las perturbaciones hormonales y las insuficiencias de los órganos, son solo secundarias o sintomáticas. Cuando hay alteraciones en el proceso de la digestión, el cuerpo se torna vulnerable a ataques debido a que el sistema inmunitario se ve afectado. Esto afecta el delicadísimo equilibrio de todo el proceso metabólico. Este desequilibrio es la causa directa de la enfermedad.

La *Kashyapa Samhita* afirma: «*Aarogyam Annadheenam*». Esta frase significa que el estado de nuestra salud y de nuestra felicidad depende de la clase de alimentos que comemos. Además, el *ayurveda* tiene una definición muy instructiva de la salud y la curación: «*Swasthya-tura parayanaha jeevitam ayuhu*». Eso significa que la curación no solo consiste en administrar medicamentos para curar enfermedades, sino en garantizar primero que ninguna enfermedad se manifieste nunca. Este libro entero está dedicado a ese aspecto particular del *ayurveda*, la prevención de la enfermedad.

Es una interesante paradoja que la mayor parte de la gente, especialmente los médicos, no acaben de comprender que, de todas las partes del cuerpo humano, el estómago es el órgano más sensible. El hecho de que a menudo sea el órgano peor tratado, es una triste realidad. La gente puede ser muy cruel llenando el estómago de alimentos y bebidas en exceso o de mala calidad. En estos tiempos modernos, la gente satura su templo sagrado (el cuerpo humano) de numerosas toxinas, como medicamentos, drogas, alcohol, tabaco, etc. Este abuso crea desequilibrios físicos, mentales y espirituales profundamente arraigados.

Lo que se requiere para tener un cuerpo y una mente sanos es ingerir alimentos de una calidad adecuada, en el momento justo y en la cantidad correcta. Hay una hermosa cita que ilustra esta idea: «quien come el alimento adecuado no conoce la enfermedad y quien conoce el habla correcta no discute». Eso significa que quien come el alimento adecuado instintivamente también conoce el habla correcta, porque el habla representa directamente la calidad de los pensamientos. La clase de alimento que tomamos influye profundamente en nuestros pensamientos. La comida sáttvica crea pensamientos y palabras saludables, armoniosas, pacíficas y elevadas. Por el contrario, los alimentos tamásicos crean pensamientos y palabras crueles, negativas y demoníacas. Lo que cada uno es (en su salud física y su disposición mental) viene determinado principalmente por el tipo de comida que ingiere. El padre de la medicina moderna, Hipócrates, nos dejó esta sabia máxima: «Que la comida sea vuestro medicamento y el medicamento vuestra comida». En realidad, no hay mejor principio de salud que este. Del mismo modo que a un paciente se le dan los medicamentos en la cantidad, la calidad y el momento adecuados para lograr la curación, los alimentos deben ingerirse en la cantidad, la calidad y el momento adecuados para generar una salud radiante.

Como se ha explicado anteriormente, nuestros procesos corporales pueden dividirse en tres aspectos esenciales. Esos tres gobiernan por completo el proceso metabólico del cuerpo humano.

Los tres procesos son *agni* (la digestión), *ama* y *mala* (los desechos tóxicos y la eliminación) y el *rasayana* (el rejuvenecimiento de *ojas*). Es el *prana* el que regula estas actividades por orden de prioridad: primero la digestión, después la eliminación de los desechos metabólicos y finalmente el rejuvenecimiento de las células.

Todo el proceso corporal depende del *prana*. El flujo de *prana* a cualquier parte del cuerpo no debe ser interrumpido ni perturbado. Si hay una obstrucción en el flujo del *prana*, el cuerpo sufrirá alguna forma de enfermedad. Cuando este *prana* abandona el cuerpo por completo, el resultado es la muerte.

Capítulo 15

El momento oportuno
para la curación

*Todos necesitamos belleza, así como pan y lugares
para jugar y orar, en los que la naturaleza
pueda sanar y fortalecer el cuerpo y el alma.*

John Muir

Se plantea la pregunta: ¿cuándo tiene lugar exactamente la curación? El cuerpo se cura de una forma más eficaz y completa cuando está en reposo o durmiendo. Sin embargo, hay que proporcionar al cuerpo un ambiente y unas circunstancias adecuadas para dormir bien. Lo más importante es asegurarse de que el estómago esté completamente vacío en el momento de acostarse. La principal función del *prana* es, ante todo, la de ayudar a hacer la digestión de los alimentos. Mientras no se complete la digestión, el *prana* no se ocupará de las otras dos tareas importantes de eliminar el *ama* y el *mala*. Y solo después se dedicará a la regeneración celular. Esto significa que, evidentemente, el proceso de digestión debe producirse durante las horas de vigilia, mientras el cuerpo está activo. Hay que acabar la última comida del día al menos tres horas antes de dormirse. Si el *prana* está ocupado digiriendo alimentos toda la noche, no tendrá ocasión de eliminar el *ama* y el *mala*, ni de realizar el rejuvenecimiento.

Este proceso está en armonía con los ciclos de la naturaleza. Durante las horas de luz o de vigilia, mientras el cuerpo está activo, el mecanismo digestivo recibe un impulso natural para que el proceso digestivo se lleve a cabo sin problemas. Obviamente, como mientras se duerme no se hace ninguna actividad física, si nos acostamos con el estómago lleno el proceso digestivo se ralentiza o se detiene. Eso hace que la comida se quede en el estómago durante toda la noche. Inevitablemente, este alimento no digerido se pudre en los intestinos, creando más *ama*.

Otro aspecto perjudicial de ir a dormir con comida en el estómago es que los órganos vitales del cuerpo no reciben sangre fresca y nueva, especialmente el cerebro y el corazón. Eso los afecta de una forma inmensamente negativa, porque necesitan más de un tercio del nuevo suministro de sangre para funcionar bien. Además, a los otros órganos y sistemas corporales se les niega su ciclo natural de rejuvenecimiento. Tener comida en el estómago al irse a dormir es una de las maneras más rápidas para que se produzcan enfermedades crónicas en el cuerpo. Si al acostarse el estómago está vacío, el cuerpo dispone de un entorno adecuado para que el *prana* se concentre en sus tareas principales. Eso permite que el cuerpo realice sus labores diarias de mantenimiento interno (limpieza y regeneración).

Capítulo 16

Los cinco factores pránicos

La naturaleza es nuestra primera Madre.
Nos nutre durante toda la vida. Nuestra
madre biológica puede permitirnos sentarnos
en su regazo durante un par de años, pero la
Madre Naturaleza carga pacientemente con
nuestro peso toda nuestra vida. Del mismo
modo que un niño se siente en deuda con su
madre biológica, nosotros deberíamos sentir que
tenemos unos deberes y una responsabilidad
hacia la Madre Naturaleza. Si olvidamos
esta responsabilidad, es lo mismo que si
nos olvidamos de nuestro propio Ser. Si nos
olvidamos de la naturaleza dejaremos de existir,
porque actuar así es caminar hacia la muerte.

Amma

No olvides que a la tierra le encanta
sentir tus pies desnudos y el viento
anhela jugar con tu pelo.

Khalil Gibran

Cinco factores esenciales hacen que el flujo armonioso del *prana* se manifieste y se mantenga en todo el cuerpo:

1. Erradicación de vicios
2. Control mental
3. Alimentos de alta calidad
4. Ejercicio y *pranayama*
5. Ayuno sensato

1. Erradicación de vicios

Hijos, el amor puede lograr cualquier cosa. El amor puede curar enfermedades. El amor puede curar el corazón herido y transformar la mente humana. Mediante el amor se pueden superar todos los obstáculos.

Amma

Quien trata de tener una vida feliz y saludable debe esforzarse sinceramente por erradicar sus vicios. Entre estos no solo se encuentran hábitos perjudiciales para la salud como fumar, consumir drogas, beber alcohol o jugar, que son los vicios más toscos. Hay otros vicios como ver la televisión, el chismorreo, el exceso de comida o comer por causas emocionales, las lecturas no productivas como novelas, revistas del corazón y prensa amarilla. En realidad, puede llamarse vicio a cualquier cosa hecha repetidamente que nos distraiga de poner la atención en el Ser. Todos estos vicios agotan el *prana* del cuerpo. La definición de vicio que nos da la Wikipedia en inglés es: «práctica, conducta o hábito que generalmente se considera inmoral, depravado o degradante en una determinada sociedad». En un sentido menos extendido significa rasgo negativo de carácter, defecto, flaqueza o hábito poco saludable (como la adicción al tabaco). Sinónimos de vicio son culpa, depravación, pecado, iniquidad, maldad y corrupción. En resumen, cualquier actividad que perturbe la armonía del *prana*, constituye un vicio y hay que eliminarlo para gozar de una salud óptima.

Una persona decidida a progresar espiritualmente y tener éxito en la vida, debe cultivar una comprensión clara de qué causa buenos hábitos o virtudes y qué malos hábitos o vicios. Muchos de estos malos hábitos pueden atribuirse a nuestros *samskaras* (tendencias latentes o *karmas* del pasado). Los buenos *karmas* crean buenos hábitos o virtudes y los malos *karmas* crean malos hábitos o vicios. Nuestros pensamientos y acciones crean el *karma*. Los *karmas* se pueden modificar en el presente realizando buenas acciones con conciencia y dedicación a la meta última. Hay una secuencia precisa en la manifestación del *karma*, como nos explica Stephen R. Covey en su libro «Los siete hábitos de las personas altamente eficaces»: «Siembra un pensamiento y recogerás una acción. Siembra una acción y recogerás un hábito. Siembra un hábito y recogerás un carácter. Siembra un carácter y recogerás tu destino».

Por lo tanto, un buen carácter produce buenos *karmas* que dirigen hacia el éxito total, mientras que un mal carácter dirige hacia vicios que solo causan infortunio y sufrimiento. Todos debemos comprender que, aunque hayamos realizado malas acciones en el pasado, sin duda podemos cambiar el presente si ejercitamos el discernimiento y tomamos la resolución firme de llevar una vida noble y recta. Si no conseguimos vivir conscientemente y con discernimiento, somos nosotros mismos los que nos hacemos sufrir.

2. Control mental

Si vivimos en armonía con la naturaleza, amándola y en unión con ella, tendremos la fuerza necesaria para superar cualquier crisis.

Amma

El cuerpo y la mente están inextricablemente vinculados. De hecho, el cuerpo físico es, básicamente, el producto y la manifestación de la mente. Si tenemos un cuerpo saludable, también tendremos una mente fuerte, y viceversa. Una mente fuerte no sólo conserva y regula el *prana* del cuerpo, sino que además atrae *prana* del cosmos hacia el cuerpo. Para poder controlar la mente completa y adecuadamente hay que librarla de todas las emociones negativas causadas por los *shadripus* (seis enemigos que encadenan el alma al proceso de nacimiento y muerte, y la mantienen limitada a este mundo material conocido como *Maya*, la ilusión). Los *shadripus* son la ira, la envidia, la codicia, la lujuria, el apego y la arrogancia. Se dice que los tres primeros preparan el camino hacia *samsara* (el ciclo continuo de nacimiento y muerte). Los *shadripus* queman rápida y abundantemente el *prana* del cuerpo, igual que un fardo de heno se convierte en seguida en ceniza al prenderle fuego.

Hay que recordar que todo siente, que todo está lleno de conciencia y de vida. Todo existe en Dios. Si mantenemos esta actitud ante cualquier situación, nada podrá destruirnos. A medida que crecen el intelecto humano y el conocimiento científico, no debemos olvidar los sentimientos del corazón, que nos permiten vivir de acuerdo con la Naturaleza y sus leyes fundamentales.

Amma

Actualmente, el mundo está viviendo en una era del intelecto. Con todos los avances de la ciencia, la medicina y la tecnología, la vida se ha vuelto mucho más difícil, tanto en el plano físico como en el mental. A consecuencia de estas dificultades, las mentes de las personas tienen cada vez más estrés, miedo e incertidumbre. Estos retos provocan una grave tensión mental y esta tensión mental causa enfermedades psicosomáticas crónicas. Todo este estrés mental quema radicalmente la resistencia natural del cuerpo (*ojas*) y lo vuelve vulnerable a enfermedades agudas. Hasta los investigadores modernos están empezando a admitir que el estado mental ejerce un profundo impacto sobre la salud. Sus conclusiones han mostrado que si la tensión y las emociones negativas persisten durante un largo periodo de tiempo pueden dañar el sistema inmunitario, reduciendo así las defensas del organismo frente a las enfermedades. Las observaciones clínicas han demostrado que el estado de la mente cambia el estado del cuerpo por medio del sistema nervioso central, el sistema endocrino y el sistema inmunitario.

El estrés mental, según el *ayurveda*, se debe a un uso incorrecto o excesivo de las facultades mentales. Si se realiza un esfuerzo mental intenso muchas horas al día o si se trabaja largas horas en el ordenador, esas acciones pueden provocar un desequilibrio del *prana*, que conecta el cuerpo y la mente y es el responsable de la actividad del cerebro y la energía mental. El primer síntoma del desequilibrio del *prana* es la pérdida de la capacidad de afrontar el estrés básico diario. A medida que la persona se estresa más, la mente se vuelve hiperactiva y se pierde la capacidad de tomar decisiones claras, pensar de manera positiva, sentir entusiasmo y dormir bien. Para reducir el estrés mental crónico, se puede controlar la actividad mental decidiendo qué sensaciones se dejan entrar en la mente desde la televisión, la radio, los periódicos o los ordenadores. Por ejemplo, si nos sentimos normalmente molestos tras ver las noticias de la noche, quizás sea buena idea reducir la cantidad de televisión que vemos.

En la actualidad las compañías farmacéuticas están ganando miles de millones de euros al año con la venta de nuevos medicamentos para combatir el estrés y las enfermedades relacionadas con él. Estos medicamentos solo enmascaran los síntomas del estrés y con frecuencia tienen muchos efectos secundarios. El *ayurveda* ofrece un enfoque mucho más holístico para ayudarnos a afrontar el estrés de una manera equilibrada. Para gestionar el estrés es esencial identificar de dónde viene y ser consciente de los efectos que produce en nuestra vida. Hay muchas fuentes de estrés, y también hay ese mismo número de posibilidades de aliviarlas. Hay que caminar hacia la meta de eliminar las fuentes de estrés y cambiar nuestras reacciones ante las situaciones que lo provocan.

Esto puede hacerse dando respuestas bien pensadas a ese tipo de situaciones en lugar de reaccionar de forma automática. Aquí ofrecemos algunas pautas útiles para poner en acción este método de reducción del estrés:

- Sé consciente de lo que te estresa y de cómo reaccionas emocional y físicamente ante ello
- Reconoce lo que es posible cambiar y cámbialo
- Reduce la intensidad de tus reacciones emocionales ante el estrés
- Aprende a moderar tus reacciones físicas ante el estrés
- Aumenta tus reservas físicas (*ojas*)
- Conserva tus reservas emocionales (*prana*)

El ayurveda y el yoga aconsejan las siguientes prácticas para reducir el estrés en la vida diaria:

- *Yoga nidra* (sueño yóguico, una sencilla técnica de meditación guiada)
- Meditación (incluyendo el *mantra japa*)
- *Yoga*
- Oración
- Ejercicio físico
- Pasar tiempo en la naturaleza
- Escuchar música relajante y tranquila

- Masaje
- *Pranayama* (respiración suave, relajada y consciente)
- *Seva* (servicio desinteresado) a los pobres y necesitados
- Dieta correcta (comida sáttvica)

La liberación del estrés empieza cuando comprendemos qué es lo que nos empuja a actuar, cuáles son nuestras luchas más importantes, cómo ponerlas en perspectiva y cómo tomar decisiones acertadas sobre las acciones más convenientes a emprender. Aunque la sociedad moderna contribuye a la mala salud de manera alarmante, se pueden utilizar métodos sencillos para contrarrestar las influencias negativas y mejorar significativamente la salud y la vitalidad. A menudo, unos pequeños ajustes en la dieta y en el estilo de vida pueden mejorar de manera espectacular nuestra capacidad para hacer frente al estrés. Además, hacer *seva* es una de las maneras más eficaces de desviar la mente de las cargas personales, mitigando así el estrés. Las personas que, aunque trabajan a jornada completa, encuentran tiempo para hacer voluntariado todas las semanas llevan, por lo general, una vida más satisfactoria y menos estresante.

Meditación

Salí solo a dar un paseo y al final me acabé quedando fuera hasta la puesta del sol, porque me di cuenta de que ir hacia afuera realmente era ir hacia adentro.

John Muir

La meditación es el principio que lleva a la salvación, ya que nos hace inmortales y eternos. La meditación nos lleva a través del ciclo de muerte y renacimiento. La meditación es ambrosía. Realmente impide que temamos a la muerte. Erradica el ego y nos lleva al estado de no-mente. Una vez trascendemos la mente, no podemos morir. La meditación y las prácticas espirituales nos dan la fuerza y el valor necesarios para sonreír ante la muerte. La meditación nos ayuda a verlo todo como un juego encantador, de tal forma que incluso el momento de la muerte se convierte en una experiencia maravillosa.

Amma (Awaken, children! vol. 8)

El poder de la auténtica meditación es inmenso. La verdadera meditación es, sencillamente, el estado natural de la conciencia o el ser. La meditación es la mejor manera de mantener la mente calmada y despejada. Promueve una visión optimista de la vida. La actitud alegre y el pensamiento positivo fomentan una buena salud mental, así como el bienestar físico. Los beneficios de la meditación a nivel físico ya están siendo documentados y utilizados por la medicina occidental. La meditación ayuda a regular la presión arterial, las pulsaciones y los niveles en sangre de las hormonas del estrés. También produce cambios en las hormonas neuronales del cerebro, generando un efecto calmante y reparador. La meditación puede aumentar la capacidad para soportar el dolor, eliminando así la dependencia de los analgésicos, que provocan numerosos efectos secundarios. Además de producir mayor claridad y fortaleza mental, la meditación nos proporciona una determinación inquebrantable para superar los *shadripus*.

La meditación es un estado de verdadera consciencia. Nos permite darnos cuenta de que no somos el cuerpo físico temporal sujeto al cambio: nacimiento, crecimiento, envejecimiento, enfermedad y la muerte inevitable. También nos ayuda a entender que no somos la mente que está en constante fluctuación de un pensamiento o emoción a otro, como la felicidad, el dolor, el aburrimiento, la ira, la envidia, etc. La verdadera meditación nos conduce al estado de conciencia en el que somos el *Paramatman* (la Conciencia Suprema), cuya naturaleza es la dicha absoluta, infinita e inmutable. En ese estado de conciencia, todo el malestar relacionado con el cuerpo y la mente se verá reducido instantáneamente a la nada, como el alcanfor que se consume sin dejar rastro. La verdadera meditación implica relajar todos los músculos y vaciar la mente de todos los pensamientos mundanos, y pensar ininterrumpidamente en cualquier aspecto de la divinidad, en Dios o en un *Sadguru* (maestro perfecto). El incomparable beneficio de la meditación es que purifica el cuerpo, la mente y la *chitta* (la mente subconsciente). La meditación le da al cuerpo una salud radiante, a la mente el poder de razonar con claridad y a la *chitta* una determinación divina. De esta manera libera el *atma-bala* y transforma toda nuestra vida y consciencia, llevándolas del nivel humano al nivel divino. Sería de gran beneficio para el mundo que todos cultiváramos el hábito de meditar al menos una hora al día.

La meditación es la única actividad verdaderamente útil que podemos realizar, ya que nos pone en contacto directo con la fuente inagotable del gozo y la felicidad. Esto es, en realidad, lo que todo ser humano busca, consciente o inconscientemente, en los vicios y los placeres de los sentidos.

Amma dice:

Hijos, debéis vivir con el recuerdo de Dios. Vuestro corazón debe latir por Dios. No debe haber un solo instante en que no recordéis a Dios. El pensamiento constante dirigido a Dios es meditación, como la corriente de un río. No perdáis el tiempo. Repetid vuestro *mantra* mientras realicéis cualquier acción. Meditad un rato todos los días.

3. Alimentos de alta calidad

La dieta tiene una gran influencia en nuestro carácter. Hijos, debéis tratar de comer solo comida sencilla, fresca, vegetariana

*(comida sáttvica). La naturaleza de la
mente está determinada por la esencia
sutil de los alimentos que comemos. Los
alimentos puros crean una mente pura. Si
no se renuncia al sabor del paladar no se
puede disfrutar del sabor del corazón.*

Amma

Mediante el ejemplo de su vida y su mensaje, Amma nos recuerda que no somos el cuerpo, sino el *Atma*. ¿Por qué molestarse, entonces, en comer de manera saludable? Porque nuestro cuerpo es el vehículo que transporta al alma. Así como no pondríamos gasolina mezclada con suciedad en nuestro coche, también deberíamos tener en cuenta qué tipo de combustible ponemos en el vehículo de nuestra alma. Al mismo tiempo, debemos tener cuidado de no tomar nuestra alimentación tan en serio que nos haga perder el sentido de la gratitud por todos los alimentos que recibimos. Es una bendición tener suficientes alimentos que nos proporcionen energía y nutrición, pues millones de personas en todo el mundo no los tienen. Nuestros pensamientos y actitudes durante las comidas afectan a la digestión y a la asimilación tanto como el alimento en sí mismo. Tenemos un potencial infinito para sanar al planeta y a nosotros mismos haciendo algunos cambios sencillos en nuestros hábitos alimentarios. Las necesidades alimentarias de cada individuo varían según su *dosha* y sus necesidades. Cada persona habría de elegir la calidad apropiada del alimento que le conviene, que debería tomar en la cantidad apropiada y en el momento apropiado.

La dieta ayurvédica no solo nutre el cuerpo, sino que también restaura el equilibrio de los *doshas*, lo cual es esencial para mantener la salud. La dieta ayurvédica se basa en la constitución del individuo. Lo que para una persona es una medicina puede ser veneno para otra. Cada individuo tiene necesidades dietéticas específicas: dependiendo de su *dosha* o tipo de constitución, algunos alimentos pueden ser beneficiosos y otros se deben evitar. A la hora de elegir qué comer hay que tener en cuenta la temporada, el clima, el momento del día y la calidad de los alimentos, así como la actitud mental y emocional mientras se está comiendo.

Cuando ingerimos alimentos, participamos en el proceso creativo de la naturaleza. La comida saludable rejuvenece las células de todo el organismo, especialmente la mucosa gástrica y la piel. Por otro lado, la forma en que comemos determina también el efecto que el alimento produce en nuestro organismo. Si estamos en una situación de desequilibrio emocional cuando comemos, la comida puede perturbar el orden natural del organismo. Si comemos en exceso o demasiado rápido, el producto final de esa mala digestión nos predispone a una mala salud. La ingesta de alimentos debe contribuir al orden y a la coherencia del organismo. Nos debería ayudar a mantenernos equilibrados y a potenciar nuestro sistema inmunitario.

Ahimsa ahara (dieta no violenta)

Salvar la vida de los animales puede salvar nuestra propia vida. Hay abundantes pruebas que demuestran que las dietas vegetariana y vegana son, con diferencia, las más sanas. Las investigaciones científicas más recientes demuestran que el consumo excesivo de colesterol y grasas saturadas de origen animal deriva en enfermedades del corazón y en numerosas formas de cáncer. El consumo de productos animales también conduce a la obesidad, diabetes, hipertensión, artritis, gota, cálculos renales y muchas otras enfermedades. Además, la ganadería intensiva actual utiliza hormonas, antibióticos, fertilizantes químicos y medicamentos para aumentar su producción y rentabilidad. Los productos de origen animal que se comercializan contienen altos niveles de herbicidas y pesticidas. Cuando los seres humanos consumen productos de origen animal, sus organismos reciben esos venenos y se intoxican. Desde la década de los sesenta los científicos han sospechado que una dieta basada en la carne está relacionada con el desarrollo de la arteriosclerosis y las enfermedades cardíacas. Ya en 1961 un estudio publicado en el «Journal of the American Medical Association» señalaba que «el noventa y siete por ciento de las enfermedades del corazón se pueden prevenir con una dieta vegetariana». Desde entonces, diversos estudios serios han demostrado científicamente que el consumo de carne es, después del tabaco y el alcohol, la mayor causa de mortalidad en

Europa, Estados Unidos, Australia y otras zonas ricas del mundo.

El cuerpo humano es incapaz de procesar y utilizar cantidades excesivas de grasa animal y colesterol, que se acumulan en las paredes internas de las arterias y constriñen el flujo de la sangre que llega al corazón, produciendo hipertensión arterial, enfermedades cardíacas e ictus. Las investigaciones de los últimos veinte años también sugieren claramente una conexión entre el consumo de carne y los cánceres de colon, recto, mama y útero. Otra preocupación importante sobre el consumo de carne es la contaminación química. En cuanto se mata a un animal, su carne empieza a pudrirse y, después de varios días, se torna de un color gris verdoso enfermizo. Las industrias cárnicas enmascaran esta decoloración añadiendo nitritos y otros conservantes para darle a la carne un color rojo brillante. Las investigaciones actuales han demostrado que la mayoría de estos conservantes son cancerígenos.

En general, el *ayurveda* nos anima a seguir una dieta pura y vegetariana. Una dieta yóguica promueve igualmente el *sattva* (la pureza) y la *ahimsa* (no violencia). Matar animales para obtener alimento no solo supone ejercer violencia sobre ellos, sino que también es perjudicial para el medioambiente y para todas las personas hambrientas que hay en el mundo debido a la contaminación ambiental que producen los mataderos y a la gran cantidad de recursos naturales necesarios para criar a cada animal en las granjas. Cuando se mata a un animal, su cuerpo libera hormonas del miedo y otras toxinas, que posteriormente los carnívoros ingieren y son absorbidas por su organismo. Esa vibración emocional negativa entra después en la conciencia de la persona. Además, la carne está muerta y carece por completo de *prana*. La carne como tal, según el *ayurveda*, crea *tamas* (apatía, oscuridad) en la mente y en el cuerpo.

Nuestra tarea debe consistir en liberarnos ampliando nuestro círculo de compasión para abarcar a todos los seres vivos y a toda la naturaleza y su belleza. Nada beneficia tanto a la salud humana y aumenta sus posibilidades de supervivencia en la tierra, como la evolución hacia una dieta vegetariana.

Albert Einstein

Alimentos sáttvicos

Cuando la comida es pura, la mente es pura.
Eso crea un oasis para el despertar y nos otorga
un despertar que incide en todos los niveles
de nuestra salud (cuerpo-mente-espíritu).

Chandogya Upanishad, 6.5.1-4

Ni una pizca de la comida que tomamos se ha
conseguido únicamente con nuestro esfuerzo. Lo
que llega a nosotros bajo la forma de comida
procede del esfuerzo de nuestras hermanas y
hermanos, de la generosidad de la naturaleza
y de la compasión de Dios. Aunque tuviéramos
un millón de dólares, seguiríamos necesitando
comida para saciar nuestra hambre. A fin de
cuentas, no podemos comer dólares, así que
no debemos comer nada sin antes orar con un
sentimiento de humildad y gratitud. Considerad
vuestra comida como si fuera la Diosa Lakshmi
(la Diosa de la Prosperidad) y recibidla con
devoción y veneración. La comida es Brahman
(el Ser Supremo). Tomad los alimentos
como prasad de Dios (regalo bendecido).

Amma

El Señor *Krishna* dice en la *Bhagavad Gita* que hay tres tipos de alimentos: sáttvicos, rajásicos y tamásicos. Los *yogis* y *sadhakas* (aspirantes espirituales) deben tener cuidado y tomar solo alimentos puros, sáttvicos. Los alimentos sáttvicos permiten que el cuerpo tenga una salud excelente, calman las emociones negativas de la mente y transmiten tranquilidad y capacidad de concentración a la mente consciente. Cuando el alimento es ingerido, el *prana* entra en acción y se encarga de la digestión de los alimentos. La comida digerida, a su vez, libera *prana* en el organismo (es como invertir dinero para ganar dinero). Para lograr una salud óptima, la cantidad de *prana* liberado debería ser mayor que la de *prana* gastado, al igual que sucede cuando una empresa funciona bien: el precio de venta de un producto debe ser razonablemente más elevado que lo que costó adquirirlo. Este exceso de *prana* ayuda a mantener en condiciones excelentes la mente y todos los órganos vitales del cuerpo, así como el sistema nervioso y el inmunitario. Esta es la razón por la que el *ayurveda*, los santos, los sabios y el Señor *Krishna* han recomendado comer solo alimentos sáttvicos a fin de alcanzar las metas más elevadas y supremas de la vida.

Los alimentos rajásicos y tamásicos utilizan más *prana* para digerir la comida del que ellos mismos ofrecen al organismo; por tanto, esos alimentos perturban la mente subconsciente, crean inquietud en la mente consciente (ausencia de concentración y calma) y hacen al cuerpo vulnerable a las enfermedades. Los alimentos tamásicos son los que causan más daño, agotando al máximo la cantidad de *prana* en el organismo. Los alimentos rajásicos y tamásicos aceleran el proceso de envejecimiento del cuerpo.

En el *ayurveda* se hace hincapié en una dieta sáttvica para mantener una vida sana. Esto es especialmente importante si queremos tener una mente clara, feliz y en paz. La dieta sáttvica original fue concebida para lograr una conciencia elevada. Los alimentos sáttvicos son los que más *prana* tienen. Una dieta sáttvica no solo significa comida vegetariana, sino también alimentos ricos en *prana*, como frutas y verduras frescas ecológicas. Eso requiere evitar los alimentos enlatados, procesados o que hayan recibido fertilizantes o aerosoles químicos.

También significa comer comida fresca preparada adecuadamente. Los alimentos preparados con gran amor son más sáttvicos. En el antiguo *ayurveda* el criterio que se utilizaba para considerar sáttvico a un alimento era bien sencillo: los alimentos se cultivaban de manera ecológica en una tierra rica y fértil; además, debían tener una apariencia atractiva y ser cosechados en la época del año adecuada. Los alimentos debían estar llenos de fuerza vital y enzimas, y se debían mantener tan frescos y naturales como fuera posible. En el mundo actual, tenemos que añadir los siguientes criterios sáttvicos dadas las diversas circunstancias que han ido surgiendo. Los alimentos sáttvicos deben cultivarse sin pesticidas, herbicidas, abonos químicos, hormonas, irradiación o cualquier otra cosa que no sea natural. El uso moderno de aditivos químicos y procesos de refinado, además de las sustancias que se añaden a nuestros alimentos, acaba con el *prana* de los alimentos y los deja sin vida. Los alimentos sáttvicos son alimentos vegetarianos nutritivos, como los frutos secos, las semillas, los cereales integrales, y las frutas y las verduras de cultivo ecológico. Todos ellos ayudan a construir el tejido cerebral y a desarrollar el *ojas*. Tiene que transcurrir un tiempo para que los cambios dietéticos se manifiesten en la mente. El cambio en nuestra dieta puede que no repercuta en nuestra mentalidad de la noche a la mañana, pero tras varios meses puede incidir de manera significativa.

La persona que siempre toma comida sana (sáttvica) disfruta de un estilo de vida ordenado, permanece desapegada de los objetos de los sentidos, da y perdona, ama la verdad y sirve a los demás sin enfermar.

Ashtanga Hridayam

Lista de alimentos sáttvicos

Frutas

Manzana, kiwi, ciruela pasa, albaricoque, níspero, mandarina, plátano, lichi, granada, melón cantalupo, mango, papaya, cereza, melón, nectarina, arándano, melón casaba, naranja, pomelo, sandía, piña, uva, melocotón, ciruela, guayaba, pera, caqui.

Verduras

Alcachofa, berenjena, lechuga, remolacha, hojas de mostaza, espárragos, rábano daikon, cebolla cocinada, endivia, hinojo, chirivía, col china, guisantes, brócoli, judía verde, patata, col de Bruselas, col rizada, rábano, repollo, puerro, habón, chalota, zanahoria, apio, espinaca, coliflor, acelga, rebozuelo, semillas germinadas, maíz, calabaza, berros, nabo, batata.

Cereales integrales germinados

Amaranto, cebada, trigo sarraceno, bulgur, mijo, quinoa.

Arroces

Basmati, arroz integral, arroz silvestre.

Aceites

Oliva, cártamo, sésamo, girasol, cáñamo, lino, chía (salvia hispánica).

Especias

Asafétida (*hing*), cilantro, albahaca, comino, nuez moscada, pimienta negra, semillas de hinojo, perejil, cardamomo, alholva, cúrcuma, canela, clavo de olor, jengibre.

Frutos secos y semillas

Nueces de Brasil, semillas de calabaza, semillas de girasol, cáñamo, lino, chía y nueces.

Leches y quesos

Leche cruda ecológica (no pasteurizada ni homogeneizada), leche de semillas, de cáñamo, de almendras o de otros frutos secos.

Edulcorantes

Jugo de caña, miel sin refinar, stevia, jugo de frutas, sirope de arce.

Hierbas sáttvicas

Las hierbas ecológicas se utilizan para reforzar el *sattva* tanto en la mente como durante la meditación. Algunas de las hierbas más sáttvicas son la *ashwagandha* (bufera), la bacopa, el cálamo, la gotu kola (centella asiática), el gingko, el jatamansi, la *purnarvana*, el *shatavari* (asparagus racemosus), el azafrán, el *shankhapushpi*, la *tulasi* (albahaca sagrada) y la rosa.

Alimentos rajásicos

Los alimentos rajásicos o estimulantes agitan la mente y provocan inquietud mental. No son del todo beneficiosos, pero tampoco extremadamente perjudiciales. Los alimentos que no pueden ser clasificados como sáttvicos o tamásicos entrarían en este grupo. Estos alimentos a menudo producen pensamientos y acciones egoístas, agresivos y dominantes, en especial hacia los demás. Los alimentos estimulantes dinamizan y desarrollan la conciencia individual y el cuerpo, pero no favorecen el avance hacia estados superiores de conciencia ni en la meditación.

Son alimentos rajásicos las bebidas que contienen cafeína, como el café y el té, las bebidas gaseosas, los refrescos y bebidas energéticas, el chocolate, la comida picante, la sal y los huevos fertilizados.

Alimentos tamásicos

El consumo de alimentos tamásicos o sedantes es perjudicial para el cuerpo y la mente. Alimentos perjudiciales para la mente son todos los que nos llevan a un estado de conciencia menos sutil, más perezoso y lento. Por «perjudiciales para el cuerpo» se entiende aquellos alimentos que causan estrés oxidativo o perjudicial en el organismo, directa o indirectamente. Los alimentos tamásicos estimulan y agitan los dos *chakras* inferiores, aumentando la pasión, el deseo, la lujuria y el sentido de la individualidad (ego). Los alimentos tamásicos afectan negativamente al perfeccionamiento de la conciencia superior. Entre los alimentos tamásicos hay tres venenos principales llamados «los tres venenos blancos». Son la harina blanca, el arroz blanco y el azúcar blanco. Causan un inmenso daño al organismo. Bloquean la asimilación de todos los nutrientes al tiempo que extraen vitaminas, minerales y fibra del almacén del cuerpo. Dado que estos alimentos carecen por completo de fibra, las heces se vuelven pegajosas y obstruyen el colon, provocando estreñimiento. Debemos recordar que si la disminución del *agni* es la causa que origina todas las enfermedades, la segunda causa es el estreñimiento. La acumulación prolongada de *ama* puede contribuir a provocar cáncer de colon, hemorroides, síndrome del colon irritable y otras complicaciones.

Las investigaciones científicas más recientes demuestran que el consumo excesivo de colesterol y grasas saturadas de origen animal deriva en enfermedades del corazón y en numerosas formas de cáncer. El consumo de productos animales también conduce a la obesidad, diabetes, hipertensión, artritis, gota, cálculos renales y muchas otras enfermedades. Además, la ganadería intensiva actual utiliza hormonas, antibióticos, fertilizantes químicos y medicamentos para aumentar su producción y su rentabilidad. Los productos de origen animal que se comercializan contienen altos niveles de herbicidas y pesticidas. Cuando los seres humanos consumen productos de origen animal, sus organismos reciben estos venenos y se intoxican. El cuerpo humano es incapaz de procesar y utilizar cantidades excesivas de grasa animal y colesterol, que se acumulan en las paredes internas de las arterias y restringen el flujo de la sangre que llega al corazón, produciendo hipertensión arterial, enfermedades cardíacas e ictus. Las investigaciones de los últimos veinte años también sugieren que hay una conexión entre el consumo de carne y los cánceres de colon, recto, mama y útero.

Los alimentos tamásicos son la carne, el pescado, los huevos, la cebolla cruda, el ajo, las setas, el alcohol, el queso azul, los opiáceos, la comida pasada y la comida enlatada.

La cantidad adecuada y el momento adecuado

Estos son algunos principios generales
que se deben seguir a la hora de comer.
Estos principios aseguran una digestión,
asimilación y eliminación óptimas. No hay
que comer nunca en exceso. La mitad del
estómago es para la comida, una cuarta
parte para los líquidos y el resto para el
movimiento del aire. A menor cantidad de
alimentos ingeridos, mayor control mental.
No durmáis ni meditéis inmediatamente
después de comer, de lo contrario no
seréis capaces de digerir correctamente la
comida. Repetid siempre mentalmente el
mantra mientras comáis. Eso purificará
la comida y la mente al mismo tiempo.

Amma

Aunque en el *ayurveda* se indican cantidades y momentos concretos para comer, cada individuo tiene que descubrir por sí mismo qué es lo más adecuado para él. La pauta más general para comer la cantidad adecuada es dejar de comer antes de sentirse lleno. En otras palabras, no deberías sentir pesadez de estómago después de las comidas y no comer nunca en exceso. Comer en exceso es una de las cosas más perjudiciales para el aparato digestivo.

Pautas alimentarias que mejoran la salud

- Come unas tres cuartas partes de tu capacidad. No te levantes de la mesa demasiado hambriento ni muy lleno.

- Evita comer hasta que la comida anterior haya sido digerida. Deja que transcurran de tres a seis horas aproximadamente entre las comidas.

- Come en un ambiente tranquilo y estable. No trabajes, leas o veas la televisión durante las comidas. Evita hablar si es posible.

- Elige los alimentos por sus propiedades equilibradoras. En general, la dieta tiene que estar equilibrada e incluir los seis sabores: dulce, agrio, salado, amargo, picante y astringente. Sigue las recomendaciones concretas para tu constitución. Cada sabor tiene un efecto equilibrador; por tanto, incluir alguno de ellos minimiza el ansia por algún alimento y equilibra el apetito y la digestión. Por lo general, las dietas norteamericana y europea tienden a tener un exceso de sabores dulces, agrios y salados, y no suficientes sabores amargos, picantes y astringentes.

- Elige alimentos sáttvicos, integrales, frescos, de temporada y de la zona.
- Evita de noche el yogur, el queso, el requesón o la mazada (suero de mantequilla).
- Sigue las pautas para la combinación de alimentos.
- Lo mejor es no cocinar con miel, ya que cuando se cocina se vuelve tóxica.
- Descansa sentado tranquilamente unos minutos después de cada comida y antes de regresar a la actividad.
- Come en los momentos óptimos para la digestión: desayuno de siete a nueve de la mañana, comida de diez a dos de la tarde, y cena de cuatro a seis de la tarde.
- Lávate la cara, las manos y los pies antes de las comidas.
- Enjuágate la boca antes y después de comer.
- Come en un lugar aislado, limpio y ordenado. El entorno debe ser agradable. El comensal debe estar sentado y cómodo.

- Toma solo comida preparada con amor. Esta manera de preparar los alimentos aumenta su capacidad para aportar vitalidad.
- Mastica los alimentos hasta que adquieran una consistencia uniforme antes de tragarlos.
- Los alimentos más consistentes o duros deben ser consumidos al principio, después los blandos y posteriormente los líquidos.
- No tomes bebidas frías antes de comer o mientras lo haces. No bebas tampoco grandes cantidades de líquido durante las comidas, ya que este hábito debilita la digestión. Sí se pueden tomar unos sorbos de agua templada durante las comidas.
- Evita cosas pesadas, como los postres sustanciosos, tras las comidas.
- El consumo de alimentos excesivamente calientes nos debilita. Los alimentos fríos o secos retrasan la digestión.
- No viajes, hagas ejercicio físico intenso ni mantengas relaciones sexuales durante la hora posterior a la comida, ya que eso impedirá la digestión. Caminar de diez a veinte minutos después de la comida puede ayudar a hacer la digestión.

- Evita comer cuando estés sediento y beber cuando estés hambriento.
- Evita comer inmediatamente después de realizar esfuerzos.
- No comas si no tienes apetito.
- No reprimas el apetito, ya que puede provocar dolor corporal, anorexia, cansancio, vértigo y debilidad general.
- No reprimas la sed, ya que puede provocar debilidad general, mareos y enfermedades del corazón.

Hábitos alimentarios que disminuyen la salud

- Comer en exceso.
- Comer cuando no se tiene hambre.
- Comer por causas emocionales.
- Beber zumos o demasiada agua durante las comidas.
- Beber agua fría en cualquier momento.
- Comer cuando se está estreñido o emocionalmente alterado.
- Comer en un momento inadecuado del día.
- Comer demasiados alimentos pesados o no lo suficientemente ligeros.

- Picotear cualquier cosa excepto fruta entre las comidas.
- Combinar alimentos incompatibles entre sí.

Pautas para la combinación de alimentos

Los alimentos en **negrita** aparecen en primer lugar porque incrementan el *ama* hasta tal punto que deben ser totalmente evitados:

No comas estos alimentos	con estos alimentos
Alubias	fruta, queso, huevos, pescado, leche, carne, yogur.
Bebidas calientes	mango, queso, pescado, carne, fécula, yogur.
Cereales	fruta
Fruta	con ningún otro alimento, pero sí se pueden tomar dátiles con almendras.
Huevos	**leche**, fruta, alubias, queso, pescado, *kichari*, carne, yogur.
Limón	pepino, leche, tomate, yogur.

Leche	**fruta, especialmente plátano**, cerezas, melón y fruta agria, pan, pescado, *kichari*, carne. Según el *ayurveda* los productos lácteos pasteurizados o/y homogeneizados producen *ama* y no son recomendables. También recomienda consumir lácteos crudos y evitar los lácteos de granjas industriales que utilizan hormonas, antibióticos y esteroides.
Melón	con ningún otro alimento, tampoco con otro tipo de melón
Miel	*ghee* en igual cantidad: evitar tomar una cucharadita de miel con tres de *ghee* (una cucharadita de cada uno está bien). En el *ayurveda* se recomienda no cocinar la miel, pues se vuelve pegajosa y se adhiere a las membranas mucosas, obstruyendo los canales burdos y los sutiles, y produciendo toxinas. La miel cruda se considera *amrita* (néctar).
Rábano	plátano, pasas, leche.

Sola-náceas (tomate, berenjena, pimiento, patata)	pepino, productos lácteos.
Tapioca/ yogur	**leche**, fruta, queso, huevos, pescado, bebidas calientes, carne, solanáceas.

La cinco reglas de oro para mantener una buena salud

1. El estómago debe estar completamente vacío antes de irse a dormir. La última comida del día debe ser la más reducida y ligera, y debe hacerse al menos tres horas antes de irse a dormir.

2. Beber de 750 ml a 1'25 l de agua a temperatura ambiente o templada, dependiendo del *dosha* o la constitución de cada uno, lo primero por la mañana.

3. No beber agua ni durante ni después de las comidas. Se puede beber una pequeña cantidad de agua templada media hora antes si es necesario o bien dos horas después.

4. Comer solo cuando se esté realmente hambriento; si no, es aconsejable reducir el número de comidas.

5. Hacer ejercicio de acuerdo con la constitución física de cada uno es tan importante como tomar el alimento adecuado. Nunca hay que pasar por alto la importancia del ejercicio.

La teoría de las cinco reglas de oro

En el mundo, en la naturaleza hay suficiente para satisfacer las necesidades del ser humano, pero no para saciar su avaricia.

Mohandas K. Gandhi

La razón principal para mantener el estómago vacío antes de acostarse es que el *prana* está libre para llevar a cabo su cometido de eliminar el *ama* y regenerar las células mientras el cuerpo duerme. Esta regla de mantener el estómago vacío al ir a dormir es de excepcional importancia para los *yogis, sadhaks, sannyasis* y célibes que se toman en serio su *sadhana*. La mayor ventaja de esta norma es que el *sadhak* se levanta en un estado de alerta perfecto y su concentración es óptima.

El mayor obstáculo para el *sadhak*, especialmente durante la meditación, es la somnolencia y la falta de concentración. Una de las principales razones para que se produzca este estado de sopor es el de ir a dormir con el estómago lleno.

Beber abundante agua en cuanto nos levantamos por la mañana cumple una importante función. El torrente sanguíneo la absorbe con rapidez, fluyendo libremente a través de los pequeños capilares del cuerpo. De esta manera lleva a cabo un proceso de limpieza profundo y garantiza el suministro de nutrientes vitales. Tomar una cantidad sustancial de agua pura con el estómago vacío es un excelente diurético. Si además se mantiene el estómago vacío antes de acostarse, se convierte en un gran remedio para combatir la obesidad. Es una de las maneras más eficaces y naturales de eliminar el exceso de grasa, con pocos o ningún efecto secundario.

Existe la idea generalizada de que beber tanta cantidad de agua por la mañana causa hinchazón o náuseas. Eso se debe principalmente a la presencia de *ama* en el estómago por comer de forma indiscriminada por la noche y después ir a dormir. Hay que entender que no hay nada más perjudicial para la salud que el hábito de comer antes de ir a dormir. Las náuseas se pueden solucionar fácilmente si se eliminan las comidas nocturnas o se cena a la hora correcta.

Beber agua durante las comidas o en las dos horas posteriores a una comida diluye rápidamente las enzimas digestivas. Eso afecta enormemente a todo el proceso digestivo. Es una de las principales causas de la obesidad, la flatulencia y otros problemas relacionados con el estómago.

Come sólo cuando el cuerpo esté realmente hambriento. Comer cuando no se tiene hambre o antes de que la comida anterior haya sido completamente digerida provoca confusión en el proceso digestivo, ya que consume todo el *prana*. Como resultado, las enzimas digestivas del estómago se debilitan, provocando acidez, flatulencia, ardor de estómago, irritación del esófago y úlceras. Muchos de los «expertos» modernos en salud creen que el estómago no debe mantenerse nunca vacío, para evitar que los ácidos de los jugos gástricos corroan la mucosa del estómago y el duodeno, causando ulceraciones. También creen que comer cuando no se tiene hambre es lo que causa todos los problemas relacionados con el estómago, como acidez, gastritis, distensión, ardor de garganta y esófago, etc. La verdad es que todas estas alteraciones se producen solo por mantener malos hábitos alimentarios durante muchos años, sin dar descanso al aparato digestivo.

Lo que la gente a menudo no logra comprender es que, al igual que todos los demás seres vivos de este planeta, los seres humanos necesitan descanso. Esto es absolutamente esencial para el funcionamiento eficaz del organismo. Nuestro aparato digestivo también necesita un descanso regular. Sin un descanso adecuado, la fatiga nos hará pagar un alto precio. El estómago es el órgano más sensible del cuerpo. Al ser tan sensible lleva incorporado un mecanismo regulador inteligente muy preciso. Este sistema autorregulador no se limita a liberar ácidos para digerir las proteínas a voluntad. Cuando nuestro estómago está bien regulado, libera jugos gástricos en la cantidad correcta y en el momento preciso lo que, paradójicamente, nos obliga también a comer con inteligencia y conciencia.

El ejercicio es absolutamente esencial para la salud. Si tomamos el alimento adecuado y realizamos ejercicio a diario, solo eso ya es suficiente para garantizar una salud equilibrada. Tenemos que hacer un ejercicio adecuado a nuestra constitución hasta el final de la vida. El ejercicio apropiado fortalece los órganos vitales, los músculos y los huesos. El ejercicio previene que nos convirtamos en víctimas de multitud de enfermedades propias de la vejez, como la osteoporosis, el párkinson y el alzhéimer.

Seguir las cinco reglas de oro supone no tomar medicamentos ni seguir ninguna otra clase de tratamiento. A menudo, el cuerpo puede curar por sí mismo cualquier desequilibrio en la salud. Todo lo que tenemos que hacer es proporcionarle el entorno adecuado. Tenemos que ser conscientes de que nuestro cuerpo tiene una enorme capacidad de curación y rejuvenecimiento si se lo permitimos. Puede hacer una tarea de sanación perfecta, mucho mejor que el mejor sanador provisto de las mejores técnicas de sanación y del más avanzado equipamiento técnico. Dios ha creado esta forma humana, por lo tanto no puede ser sino algo perfecto. Dios reside en este cuerpo humano como el *Atma*. Entonces, ¿por qué enferma? La respuesta más razonable es que el cuerpo se convierte en víctima de innumerables enfermedades solo cuando abusamos de él al vivir y pensar de manera incorrecta. De hecho, el cuerpo humano es el mecanismo más preciso, precioso y maravilloso que jamás se ha producido en la creación. No está hecho para sufrir del modo en que la gente lo hace hoy en día a causa de tantas enfermedades, en la más absoluta desesperación y desamparo.

¿Cuándo se debe comer?

El médico ayurvédico comienza la cura de la enfermedad planificando la dieta que debe seguir el paciente. Los médicos ayurvédicos confían tanto en la dieta que consideran que todas las enfermedades pueden ser curadas si se siguen minuciosamente las reglas dietéticas y se toman los suplementos de hierbas adecuados; pero si un paciente no sigue su dieta, cientos de medicinas no lo curarán.

Charaka Samhita, 1.41

Hay un dicho en el *ayurveda* y el *yoga* que afirma: Quien come una vez al día es un *yogi*, quien come dos veces al día es un *bhogi* (alguien que ama y disfruta de la vida), quien come tres veces al día es un *rogi* (un paciente o un paciente en ciernes), y quien come más de tres veces al día está literalmente cavando su propia tumba con sus dientes.

Una regla esencial para mantener una salud equilibrada es comer sólo cuando el cuerpo esté realmente hambriento. Si se ignora esta regla, al final se acabará con muchos problemas relacionados con la digestión, como indigestión crónica, síndrome del intestino irritable, diarrea, estreñimiento, ardor de estómago y esófago, gastritis, úlceras pépticas, sensación de hinchazón en el estómago y sensación general de falta de entusiasmo e interés por la vida. Estas son las señales de alarma que anuncian las enfermedades crónicas que se van a presentar en el futuro. Hay que afinar la sensibilidad para identificar el hambre verdadera y el hambre falsa. Hay tres tipos de hambre: el hambre fisiológica, el hambre psicológica y el hambre epicúrea. De estos tres tipos, solo el primero es hambre verdadera. Los otros dos tipos son hambres falsas o autoinducidas. El hambre fisiológica verdadera la pueden sentir quienes llevan a cabo trabajos duros, hacen ejercicio físico como gimnasia, deporte, artes marciales o *yoga*. Quienes se dedican a trabajos sedentarios es más probable que experimenten el hambre falsa.

El hambre psicológica es un hambre falsa que se caracteriza por tener un horario y unas rutinas. La sociedad, la familia y el médico han enseñado a la mente que el cuerpo tiene que tomar desayuno, comida, merienda y cena según un horario. La gente come tanto si tiene hambre como si no. La idea de que se debe comer según un horario determinado es totalmente errónea y dañina. Para una correcta digestión, asimilación y eliminación, se debe comer sólo cuando hay verdadera hambre. Si uno se ve obligado por limitaciones de tiempo de tipo laboral o escolar, conviene ajustar las comidas de forma que el estómago esté vacío al menos una hora antes de la siguiente. Esto es muy importante para que el mecanismo digestivo se beneficie de un descanso adecuado que le permita funcionar de manera eficiente.

El hambre psicológica es lo que también se conoce como comer por causas emocionales. La mayoría de las personas no comen simplemente para satisfacer el hambre. Los seres humanos recurren a la comida en busca de consuelo emocional y psicológico, para aliviar el estrés o para darse una recompensa. Desgraciadamente, el comer por causas emocionales no soluciona los problemas. Por lo general, crea más problemas y nos hace sentir peor. El problema original sigue estando ahí y el sentimiento de culpabilidad nos hace comer más. Además, el cuerpo se abotarga. Aprender a identificar lo que desencadena el comer por causas emocionales es el primer paso para liberarse de la ansiedad por comer y de la sobreingesta compulsiva.

El hambre epicúrea es la más dañina de todas, ya que nace de la avidez por comer platos suculentos. Es hedonismo puro. Cuando la mente ve un plato suculento que le gusta, surge una reacción inmediata de hambre falsa que, en realidad, es una respuesta neurológica que nos impulsa a devorar la comida. Este es un camino seguro al desastre, ya que se destruye el aparato digestivo así como cualquier sensibilidad mental. El *bhogi* (alguien que come o vive solo para disfrutar de los sentidos) se verá acosado por la enfermedad.

Se debe desarrollar la sensibilidad y la conciencia para poder identificar claramente el hambre verdadera y la falsa. Si no se tiene hambre de verdad, lo más acertado es saltarse esa comida. Hay una manera segura de desarrollar esta sensibilidad, pero primero tenemos que entender qué es lo que la destruye. Cuando las personas tienen el mal hábito de picar o beber té o café de forma indiscriminada entre las comidas, el cuerpo pierde su sensibilidad y nunca está seguro de cuándo el estómago está vacío. Se debe evitar picotear o beber entre comidas, salvo agua pura a temperatura ambiente o agua tibia con zumo fresco de limón, endulzada con un poco de miel o azúcar moreno sin refinar (sólo después de transcurridas dos horas desde la última comida). Si se sigue esta directriz, el cuerpo desarrollará rápidamente la sensibilidad necesaria para identificar el hambre verdadera.

4. Ejercicio y pranayama

Al igual que la naturaleza crea las circunstancias favorables para que un coco se convierta en una palmera o una semilla se transforme en un enorme árbol frutal, la

*naturaleza crea las circunstancias necesarias
para que el alma individual pueda llegar al Ser
Supremo y fundirse en eterna unión con Él.*

Amma

Tanto la salud vigorosa como la autorrealización
se alcanzan mediante la disciplina y la conciencia. Los *yogis* hacen mucha ascesis para alcanzar
la liberación. Para elevar nuestro nivel de salud
y conciencia, es esencial controlar los deseos e
impulsos incontrolados. Un paso importante
para cultivar la disciplina y la conciencia es inte-
grar en nuestra vida la *dinacharya* (rutina diaria).

Din significa «día» y *acharya* «seguir, encontrar, acercarse». Seguir o acercarse al día implica
unificar la rutina diaria con el ciclo natural del
sol, la luna, la tierra y los demás planetas. Seguir
la *dinacharya* es uno de los mejores medios para
ponerse en armonía con la naturaleza. Eso proporciona equilibrio y evita las enfermedades.
Al final nos daremos cuenta de que la salud y la
felicidad son realmente el estado más natural.

Los *rishis* pensaban que la rutina diaria
tenía una fuerza curativa mayor que cualquier
otra medicina. Hoy en día la sociedad está

desconectada de la naturaleza. Por ejemplo, en un día cualquiera pocos saben en qué momento de su ciclo se encuentra la luna. Para que podamos sanar de verdad debemos volver a sintonizar con los ciclos de la naturaleza.

El ejercicio realizado correctamente produce salud física y bienestar mental. Para evitar daños, el ejercicio debe adaptarse a la edad y al *dosha* de cada persona. Para la mayoría de las personas son ideales los *asanas* de *yoga* y los ejercicios de respiración (*pranayama*). Caminar, nadar, andar en bicicleta, hacer tai chi o chi kung también son buenos ejercicios para la mayoría de la gente. El ejercicio realizado a primera hora de la mañana es especialmente beneficioso, ya que activa el cuerpo y la mente, fortalece el fuego digestivo, reduce el exceso de grasa y aporta una sensación general de ligereza y alegría. También llena el cuerpo y la mente de *prana*.

El ejercicio correcto y el *pranayama* son tan importantes como tomar los alimentos adecuados. Cada vez vemos a más y más personas aquejadas de enfermedades crónicas, especialmente de obesidad. Se debe principalmente a la falta de ejercicio físico agravado por una mala alimentación. Gracias a los numerosos avances científicos y tecnológicos, la vida se ha vuelto físicamente más fácil, pero mentalmente más difícil. El resultado de esta sobrecarga mental es que la gente busca otras válvulas de escape en lugar del ejercicio físico. Esta es una causa grave de enfermedad. Todo el mundo debería hacer ejercicio físico a diario. Eso garantiza que nos encontremos físicamente en forma y que mantengamos la salud mental hasta el final de nuestra vida. Incluso *Gandhi* hizo *yoga* hasta su muerte. Se debe hacer ejercicio hasta que el cuerpo empiece a sudar. Eso facilita el correcto flujo del *prana* y cargar de energía todas las células del cuerpo. Sin embargo, no se recomienda el ejercicio vigoroso a personas muy débiles o extremadamente delgadas, después de una comida pesada o a personas con fiebre. También está contraindicado para personas con tendencia a sangrar, tuberculosis, enfermedades del corazón, asma o vértigo.

Surya Namaskar y yoga

Mediante los asanas se evitan las enfermedades, mediante el pranayama se

*evita el adharma y mediante el pratyahara
el yogi controla la actividad mental.*

Yoga Chudamani, estrofa 109

Crear una *sadhana* personal de *hatha yoga* es sumamente beneficioso en el camino del conocimiento del Ser. Tal como se ha indicado antes, el *ayurveda* y el *yoga* están estrechamente ligados. El *yoga* es importante para disolver la tensión física y calmar la mente antes de la meditación. Es el ejercicio ayurvédico perfecto porque rejuvenece el cuerpo, mejora la digestión y elimina el estrés. Lo puede hacer todo el mundo a cualquier edad. Los *asanas* de *yoga* pueden equilibrar cada uno de los tres *doshas*. El *yoga* tonifica todas las partes del cuerpo y limpia de toxinas los órganos internos, que es uno de los objetivos del *ayurveda*. La práctica del *yoga* es más beneficiosa cuando se adapta al *dosha* de la persona, a su estado de salud y a su estilo de vida. Los *asanas* solo se deberían practicar bajo la supervisión de un profesor experimentado. Según el *ayurveda* hay tres razones fundamentales para hacer *asanas*: como ejercicio para llevar un régimen de vida sano, como terapia para tratar trastornos específicos del cuerpo y la mente, y como medio para hacer que los *doshas* vuelvan a su estado natural. El fin último del *yoga* es el crecimiento y el progreso espiritual. La investigación científica está demostrando que el *hatha yoga* puede ayudar a curar diversas enfermedades, como la artritis, asma, dolor de espalda, estreñimiento, diabetes, diarrea, trastornos digestivos, trastornos emocionales y mentales, enfermedades cardíacas, desequilibrios hormonales, hipertensión, debilidad del sistema inmunitario, insomnio, migrañas, dolor de cuello, fatiga física y mental, escoliosis, estrés, trastornos del tiroides y otras muchas enfermedades.

El *hatha yoga* mejora la salud física utilizando diversos métodos. Fortalece los músculos, mantiene la flexibilidad y la integridad de las articulaciones y la columna vertebral, y equilibra la anatomía sutil (*chakras*, *nadis* y *koshas*). Además, el *yoga*, al tonificar y alimentar todos los sistemas del cuerpo humano, relaja, rejuvenece, fortalece y da energía al cuerpo y la mente. El yoga ayuda a limpiar todos los niveles del ser. A nivel mental y emocional armoniza y calma los pensamientos, incorporando la conciencia de uno mismo a los procesos emocionales. La práctica del *yoga* se convierte en un espejo en el que poder examinar el Ser.

Surya namaskar

Mediante la práctica continua del yoga durante tres meses, se produce la purificación de las nadis. Cuando las nadis se han purificado, aparecen ciertos signos externos en el cuerpo del yogi, como ligereza, brillo en la tez, incremento del agni, delgadez y, junto a todos ellos, ausencia de inquietud en el cuerpo.

Yoga Tattva, estrofas 44-46

El *surya namaskar* (saludo al sol) es, en sí mismo, un ejercicio de *yoga* completo. Bendice al cuerpo proporcionándole los beneficios de todos los *yogasanas* al tiempo que se realiza un *pranayama* natural. Se puede hacer en ciclos de doce a ciento ocho posturas según el estado físico del individuo. El *surya namaskar* a la manera tradicional, tal como lo determinan los textos yóguicos, se debería realizar a la hora de la salida del sol, frente al sol y dejando que sus rayos caigan libremente sobre el cuerpo. Tradicionalmente, un *surya namaskar* se compone de doce posiciones, cada una de las cuales va acompañada de la recitación de los doce nombres del dios Sol. A muchas personas no les es posible hacer el *surya namaskar* a la manera tradicional debido a dificultades prácticas. Estas personas pueden hacerlo cuando les venga bien con el estómago vacío. Si lo hacen de este modo, no tienen que recitar los doce nombres del dios Sol. Los *mantras MA* (que simboliza el amor divino) y *OM* (que simboliza la luz divina) pueden repetirse en silencio al inspirar y al espirar. *Ma* se asocia a la *puraka* (inspiración) y *Om* a la *rechaka* (espiración).

Mantras e instrucciones del surya namaskar básico

Posición 1:

Om Mitraya namaha
(Nos postramos ante Aquel que es afectuoso con todos)
Empezar de pie frente al sol. Los pies deben tocarse entre sí y las palmas de las manos deben estar unidas en posición de oración.

Posición 2:

Om Ravaye namaha
(Nos postramos ante Aquel que es la causa del cambio)
Inspirando profundamente, estirar los brazos por encima de la cabeza y flexionar el cuerpo ligeramente hacia atrás, arqueando la espalda.

Posición 3:

Om Suryaya namaha
(Nos postramos ante Aquel que induce a la actividad)

Espirando profundamente, flexionar el cuerpo hacia adelante desde la cadera y tocar la esterilla. Las manos están paralelas a los pies y la frente toca las rodillas.

Posición 4:

Om Bhanave namaha
(Nos postramos ante Aquel que propaga la luz)
Inspirando profundamente, estirar la pierna derecha dando un gran paso hacia atrás. Las manos deben estar colocadas con firmeza en la esterilla, el pie izquierdo entre las manos y la cara mirando hacia el techo.

Posición 5:

Om Khagaya namaha
(Nos postramos ante Aquel que se mueve en el cielo)
Reteniendo la respiración, estirar la pierna izquierda dando un gran paso hacia atrás.

Posición 6:

Om Pushne namaha
(Nos postramos ante Aquel que nutre todas las cosas)

Espirando profundamente, elevar las caderas y las nalgas hacia arriba formando un arco. Los brazos deben estar estirados y la cabeza entre ellos.

Posición 7:

Om Hiranyagarbhaya namaha
(Nos postramos ante Aquel que contiene toda la riqueza)
Espirando profundamente, bajar el cuerpo hasta que la frente, el pecho, las rodillas, las manos y los pies toquen la esterilla, con las nalgas ligeramente levantadas. Realizar una inspiración y una espiración normales en esta posición.

Posición 8:

Om Marichaye namaha
(Nos postramos ante Aquel que posee los rayos)
Inspirando profundamente, arrastrar el cuerpo lentamente hacia adelante hasta que la cabeza quede levantada y la espalda lo más arqueada y cóncava posible.

Posición 9:

Om Adityaya namaha

(Nos postramos ante Aquel que es el Hijo de *Aditi*)

Espirando profundamente, elevar una vez más las nalgas y las caderas hacia arriba, como en la posición seis. Los brazos han de quedar estirados con la cabeza entre ellos.

Posición 10:

Om Savitre namaha

(Nos postramos ante Aquel que es digno de ser adorado)

Inspirando profundamente, llevar la pierna derecha hacia el cuerpo dando un gran paso hacia adelante. Las manos deben estar firmemente colocadas en la esterilla, el pie derecho entre las manos y la cara mirando hacia arriba.

Posición 11:

Om Arkaya namaha

(Nos postramos ante Aquel que lo reproduce todo)

Espirando profundamente, elevarse manteniendo las palmas de las manos tocando la esterilla y paralelas a los pies, con la cara tocando las rodillas.

Posición 12:

Om Bhaskaraya namaha
(Nos postramos ante Aquel que es la causa del brillo)
Inspirando profundamente, levantar los brazos por encima de la cabeza y arquear el cuerpo ligeramente hacia atrás.
Volver a colocarse en dirección al sol, con los dos pies tocándose y las palmas de las manos unidas en oración.

Beneficios prácticos del surya namaskar

- El *surya namaskar* ejercita los músculos, las articulaciones, los ligamentos y el sistema óseo, mejorando la postura y el equilibrio. Las extremidades se vuelven simétricas a la vez que se masajean los órganos vitales internos, volviéndose más funcionales.

- El *surya namaskar* ayuda a que el aparato digestivo se mantenga saludable. Las posturas de *yoga* aumentan el flujo sanguíneo en el tubo digestivo y estimulan el peristaltismo, de manera que la digestión es más eficiente. El efecto calmante del *yoga* relaja el aparato digestivo y hace que la eliminación de residuos sea más eficaz.

- El *surya namaskar*, al calmar la mente, ayuda a hacer frente al insomnio y otros trastornos relacionados con el sueño.
- La práctica del *surya namaskar* regula las hormonas y los ciclos menstruales irregulares.
- El *surya namaskar* aumenta la circulación sanguínea.
- El *surya namaskar* ayuda a quemar calorías y a mantenerse en forma. Practicarlo es una de las maneras más fáciles de estar en forma. Estira los músculos abdominales. Si se practica regularmente ayuda a perder el exceso de grasa en el vientre y a conseguir un vientre plano. Los *asanas* del *surya namaskar* estimulan las glándulas que funcionan con lentitud para que aumente su secreción de hormonas. La glándula tiroides en especial tiene un enorme efecto en el mantenimiento de un peso equilibrado, ya que afecta al metabolismo del cuerpo.
- El *surya namaskar* aporta brillo al rostro, haciendo que el cutis esté radiante y joven. Es una solución natural para prevenir la aparición

de arrugas. En general, el *yoga* es excelente para la piel.

- El *surya namaskar* refuerza la resistencia natural. Promueve el *ojas* (vitalidad y fuerza). También reduce los sentimientos de inquietud y ansiedad.

- El *surya namaskar* hace que todo el cuerpo esté más flexible, especialmente la columna vertebral y las extremidades.

- El *surya namaskar* regula la glándula pineal y el hipotálamo para prevenir la degeneración y la calcificación pineal. Abre los 72.000 *nadis*, que son los meridianos energéticos del cuerpo según el *yoga*.

Otros ejercicios

Nadar, andar en bicicleta, correr y caminar son ejercicios excelentes. Saltar a la cuerda es un ejercicio de gran ayuda para mantenerse en forma y con energía. Saltar a la cuerda es uno de los ejercicios más económicos y eficaces que se pueden hacer para quemar grasas, y no requiere mucho espacio. Además, es divertido. Se puede practicar al aire libre o en casa en una habitación bien ventilada. Es un ejercicio excelente para el corazón, los pulmones y la circulación de la sangre. Si se hace correctamente, tan solo cinco minutos de este ejercicio proporcionan el mismo beneficio que caminar una hora o correr media. No obstante, las personas con dificultades pulmonares, el corazón débil o artritis deberían consultar primero a un especialista. Caminar es un ejercicio universal, ya que es adecuado para todas las personas, de cualquier edad o género.

De todos los tipos de ejercicios, los *yogasanas* son los mejores, ya que son capaces de armonizar como ningún otro el flujo de *prana* en todas las partes del cuerpo. Cuidan todos los órganos vitales, los nervios, la columna vertebral y el cerebro. Además, aquietan la mente y calman el subconsciente; de ahí que se consideren ejercicios de carácter espiritual.

Pranayama

Hijos, cuando os sentéis a meditar no penséis que podréis aquietar la mente inmediatamente. Primero tendréis que relajar todas las partes del cuerpo. Aflojad la ropa si os aprieta. Aseguraos de que la columna vertebral esté bien erguida. Después cerrad los ojos y concentrad la mente en la respiración. Debéis ser conscientes de las inspiraciones y las espiraciones. Normalmente respiramos sin ser conscientes de ello, pero no debería ser así: debemos tomar conciencia de este proceso. Será entonces cuando la mente despierte.

Amma

El *pranayama* es una práctica para controlar nuestra «fuerza vital» o *prana*. En el *hatha yoga*, el *pranayama* consiste en ejercicios específicos de respiración que ayudan a mantener la salud del organismo y a alcanzar una conciencia interior profunda mediante el aquietamiento la mente. El *pranayama* lleva a la paz interior, a la tranquilidad y estabilidad mental, y a tener buena salud. Los *asanas* y el *pranayama* generalmente van unidos. Una forma sencilla de *pranayama* es la repetición de *mantras* a la vez que se inspira y espira. Por ejemplo, podemos practicar la técnica de meditación *MA-OM*. Repetimos en silencio *MA* mientras inspiramos y *OM* mientras espiramos. Nos centramos interiormente en la vibración del sonido. A medida que repetimos este tipo de *pranayama*, la respiración y la vibración del sonido se unen para llevar al *yogi* a estados de meditación profunda, y se produce el aquietamiento de la conciencia. Debemos indicar que Amma nos advierte que los ejercicios complejos de *pranayama* solo deberían practicarse siguiendo las orientaciones de un maestro competente.

El *pranayama* se asocia generalmente con algún tipo de ejercicio de respiración. En realidad, lo que se pretende es estimular y expandir el *prana* por el cuerpo, y obtener un control total del mismo. En términos de *yoga*, esto implica procesos especiales de la respiración. El proceso de la respiración es el medio y controlar el *prana* es el objetivo. La necesidad de practicar el *pranayama* se ha convertido cada vez más en una necesidad, debido a que los niveles de contaminación en los pueblos y las ciudades se han elevado hasta niveles alarmantes. Es de vital importancia oxigenar adecuadamente la sangre y eliminar las sustancias tóxicas. Cualquier persona a partir de los diez años puede hacer un sencillo *pranayama* sin el *kumbhaka* (retención de la respiración). Para aumentar el nivel de *prana* en el organismo se puede practicar el *anuloma-viloma* (la respiración alterna por cada orificio nasal) y el *kapalabhati* (la exhalación rápida), así como la sencilla respiración abdominal profunda. El *pranayama* se debe hacer con el estómago vacío y solo bajo la supervisión de un experto.

5. Ayuno sensato

El ayuno es un método natural de curación. Cuando los animales salvajes están enfermos, ayunan.

Paramahansa Yogananda

El ayuno es el mejor remedio, el médico interior.

Paracelso, uno de los tres padres de la medicina occidental

La mejor de todas las medicinas es el reposo y el ayuno.

Benjamin Franklin

El ayuno es la mejor terapia de sanación natural. Es el antiguo remedio universal de la naturaleza para muchos problemas.

Dr. Elson Haas: «Staying Healthy with Nutrition»

El ayuno sensato es una de las mejores formas de armonizar el *prana* en el cuerpo. El ayuno ayuda a superar numerosas dolencias físicas. El *ayurveda* da mucha importancia al ayuno regular. Los textos ayurvédicos dicen: *Langhanam paramoushadham,* el ayuno es la medicina suprema para superar todas las enfermedades, las agudas y las crónicas. El ayuno también aumenta el control y el poder mental. El ayuno ha sido considerado como la «cura milagrosa» debido al gran número de trastornos físicos que mejora. Los más citados son alergias, artritis, trastornos digestivos de todo tipo, enfermedades de la piel, cardiovasculares y asma.

La filosofía *sankhya* considera que el alma humana está encerrada en las *panchamaya koshas* (las cinco envolturas o capas). Estas son el *annamaya kosha* (la capa burda/de la comida), el *pranamaya kosha* (la capa de la fuerza vital), el *manomaya kosha* (la capa mental), el *vijnanamaya kosha* (la capa del conocimiento) y el *anandamaya kosha* (la capa de la bienaventuranza). La mente de las personas que no hacen *sadhana* permanece en el plano físico burdo, en el *annamaya kosha*. Se debe a que sus mentes no son lo bastante sutiles como para entender que el cuerpo está, en realidad, sostenido por el *prana*, y que éste está bajo la jurisdicción de la mente. Se puede lograr un gran control mental mediante el ayuno regular. El ayuno no solo tiene un efecto saludable de gran alcance en el cuerpo y la mente, sino también en la *chitta*. Los *rishis* decían que el ayuno sensato tiene un poder increíble para liberar al cuerpo de toxinas e impurezas mentales. El ayuno también ayuda a eliminar los *samskaras* negativos, que son conocidos como *chitta shuddhi* (impurezas del subconsciente). Por eso, el *ayurveda* y el *yoga* consideran que el ayuno es una disciplina sagrada que nos dirige hacia la conciencia del Ser.

Muchos médicos modernos ignoran las virtudes del ayuno. De hecho, numerosas personas creen que el ayuno debilita el cuerpo, la mente y el espíritu. Ciertamente, el ayuno indiscriminado es dañino, como también es peligroso comer de forma indiscriminada, pero el ayuno sensato es tan virtuoso como comer de forma juiciosa. La clave consiste en que estén asociadas una actitud equilibrada y conciencia. Se recomienda que no ayunen las mujeres embarazadas, las madres lactantes, las personas desnutridas, ni quienes tengan arritmias cardíacas, problemas renales o hepáticos.

La virtud del ayuno

La oración nos permite recorrer la mitad del camino hacia Dios; el ayuno nos lleva hasta las puertas del cielo.

Mahoma

La gente normal que no hace ningún tipo de *sadhana* depende totalmente de los alimentos para su sustento, por lo que su mente está a expensas solo de la comida para generar *prana*. No hay problema alguno en disfrutar de la comida, pero excederse de manera habitual genera una carga para el cuerpo. Como hemos mencionado anteriormente, el *prana* del organismo ayuda a digerir la comida, y la comida digerida libera *prana* adicional en el organismo. De hecho, el *prana* no está solo dentro de nuestro cuerpo, sino a nuestro alrededor, al igual que el aire no solo está en nuestros pulmones, sino que nos rodea por completo. El *prana* es omnipresente en todo el universo.

El ayuno es un excelente antídoto para combatir nuestra excesiva permisividad. Cuando la mente, mediante el ayuno, se desapega de la poco razonable dependencia de la comida como única fuente de *prana*, adquiere energía y empieza a atraer *prana* desde la fuente cósmica primordial hacia el cuerpo. El ayuno no solo es bueno para los *sadhaks*, sino también para que las personas corrientes fortalezcan sus mentes y así puedan ejercer su profesión con eficacia y éxito.

Los seres humanos han utilizado el ayuno como práctica espiritual desde la antigüedad. La investigación moderna está demostrando que el ayuno tiene muchos beneficios para la salud. Se ha demostrado que los ayunos cortos, de unas veinte a treinta y seis horas, pueden reducir muchos factores de riesgo vinculados a las enfermedades del corazón, la diabetes e incluso el cáncer.

Renunciar a la comida durante varias horas no hace que el metabolismo se ralentice ni altera los niveles de azúcar en sangre. De hecho, ocurre todo lo contrario: los ayunos cortos mejoran la sensibilidad a la insulina. Cuando las células son sensibles a los efectos de la insulina modulan sustancialmente mejor los niveles de azúcar en sangre después de las comidas, lo cual facilita mucho el trabajo del páncreas. La pérdida de sensibilidad a la insulina es un factor de riesgo tanto para las enfermedades del corazón como para la diabetes. Los ayunos cortos también reducen el estrés oxidativo y la inflamación de las células. Eso ayuda a prevenir y reparar el ADN dañado, que de otro modo podría producir cáncer. Otras investigaciones sugieren que el ayuno ralentiza el proceso de envejecimiento. En otras palabras, el ayuno puede ayudarnos a vivir más gracias a que mantiene y restaura nuestros órganos. El ayuno intermitente se está imponiendo con rapidez como método de lucha contra el envejecimiento. El ayuno intermitente supone ayunar un día a la semana o tres días consecutivos al mes.

Beneficios curativos del ayuno

El ayuno es el alimento del alma. Reina en el lenguaje y sella los labios. Amansa el deseo y calma el temperamento colérico. Despierta la conciencia, hace que el cuerpo se vuelva dócil, disipa los sueños nocturnos, cura los dolores de cabeza y fortalece los ojos.

San Juan Crisóstomo, uno de los padres de la Iglesia católica del Oriente

- **El ayuno promueve la desintoxicación.** Los alimentos procesados contienen numerosos aditivos, que pueden convertirse en *ama* en el organismo. La mayoría de estas toxinas se almacenan en la grasa. Durante el ayuno se quema la grasa, especialmente en los ayunos largos, y se eliminan las toxinas. El hígado, los riñones, el colon, la sangre y otros órganos se desintoxican.
- **El ayuno deja descansar al aparato digestivo.** Durante el ayuno, los órganos del aparato digestivo descansan.
- **El ayuno reduce la respuesta inflamatoria.** Los investigadores modernos están descubriendo que el ayuno facilita la curación de enfermedades inflamatorias y alergias. Son ejemplos de enfermedades inflamatorias la artritis reumatoide y enfermedades de la piel como la psoriasis.

- **El ayuno disminuye el nivel de azúcar en sangre.** El ayuno aumenta la descomposición de la glucosa para que el cuerpo pueda obtener energía. Reduce la producción de insulina, dando descanso al páncreas. El glucagón se produce para facilitar la descomposición de la glucosa, por eso el ayuno supone una reducción del azúcar en sangre.

- **El ayuno aumenta la descomposición de las grasas.** El ayuno promueve la cetosis, que es la descomposición de las grasas para liberar energía. Las grasas almacenadas en el riñón y los músculos se descomponen para liberar energía.

- **El ayuno alivia la hipertensión.** El ayuno es una de las mejores maneras de reducir la presión arterial. Reduce el riesgo de arteriosclerosis u obstrucción de las arterias por partículas de grasa.

- **El ayuno facilita la pérdida de peso.** El ayuno facilita una rápida y efectiva pérdida de peso al reducir la grasa almacenada en el cuerpo.

- **El ayuno promueve una dieta saludable.** El ayuno reduce la ansiedad por los alimentos artificiales y procesados al estimular el deseo por los alimentos naturales, especialmente el agua y la fruta.

- **El ayuno ayuda a superar las adicciones.** Las investigaciones también demuestran que el ayuno ayuda a los adictos a reducir la ansiedad por la nicotina, el alcohol, la cafeína y otras sustancias de abuso común.

- **Beneficios mentales y emocionales del ayuno.** El ayuno mejora notablemente la claridad mental y la concentración. Con una mayor claridad mental hay mayor libertad, flexibilidad y energía para realizar los proyectos que nos parecen importantes. Emocionalmente, la mente se siente más tranquila, clara y alegre. El ayuno ayuda a superar la depresión y a lograr nuestras metas. El ayuno ayuda a mejorar la concentración, a reducir la ansiedad, a dormir bien y a despertar con sensación de descanso.

- **El ayuno mejora la inmunidad.** De la misma manera que el oro impuro se vuelve puro al fundirse una y otra vez en el crisol, la mente impura se vuelve más pura mediante el ayuno reiterado. Hay un antiguo refrán que dice: «Es mejor prevenir que curar». El mejor método de prevención consiste en mejorar la inmunidad natural del organismo. El ayuno es una de las maneras más eficaces de prevenir tanto las enfermedades agudas como las crónicas. Durante el ayuno, el *prana* se libera de la carga de la digestión. De esta manera está libre para llevar a cabo la limpieza interna de los residuos metabólicos y la regeneración celular. Una vez acostumbrados al nuevo régimen alimenticio siguiendo las normas dietéticas mencionadas en este libro, se puede empezar a practicar el ayuno un día a la semana. Si se siguen las sencillas reglas dietéticas y se ayuna una vez a la semana, el sistema inmunitario del organismo se mantendrá siempre fuerte.

Signos de una limpieza correcta:

1. Mejora de la calidad del sueño
2. Mejora de la energía y la vitalidad
3. Menor sensación de cansancio por la mañana
4. Cutis sano
5. Mejora de la digestión (asimilación y eliminación)
6. Mente sáttvica
7. Pensamiento claro y preciso
8. Bienestar general del cuerpo

El exceso de limpieza y ayuno pueden provocar fácilmente el agotamiento del *ojas* y el aumento del *dosha vata*.

Signos de una limpieza incorrecta o demasiado larga:

1. Agresividad, ansiedad, apatía
2. Sensación de estar flotando
3. Extremidades frías
4. Despertarse por la noche
5. Estómago distendido y gases
6. Estreñimiento
7. Pérdida de apetito
8. Fatiga
9. Dolores en todo el cuerpo y/o articulaciones que crujen

Si es la primera vez que ayunas o haces una limpieza, es normal sentir los efectos de la desintoxicación de la cafeína, el alcohol, el azúcar, la carne y otras sustancias adictivas. Esto varía mucho de una persona a otra. Si en dos o tres días no se han pasado los síntomas de la desintoxicación y no se empiezan a sentir algunos signos positivos de la limpieza, entonces conviene hacer algunos ajustes.

Preparar el cuerpo y la mente para el ayuno

Retira los sentidos y fija la mente en Dios.
Ruega a Dios para que te guíe e inunde de
luz tu camino espiritual. Di sintiéndolo:
«¡Oh, Dios, guíame! ¡Protégeme, protégeme!
¡Soy tuyo, soy tuyo! ¡No me abandones!».
Serás bendecido con pureza, luz y fuerza.

Swami Sivananda

En primer lugar, hay que tener claro que el ayuno no consiste en torturarse o renunciar a algo. Es una práctica que vale la pena hacer para mejorar el dominio sobre el cuerpo y la mente. Lo que generalmente desanima a ayunar es el estado actual de *tamas* del cuerpo y la mente. La mente se ha vuelto completamente adicta a tomar comida suculenta cualquier momento y lugar, dando poca o ninguna importancia a si el cuerpo siente hambre. Así las cosas, el cuerpo se ha habituado a consumir más comida de la que realmente necesita.

Cuando el cuerpo está sobrecargado de residuos tóxicos, a la mente le repele la idea de ayunar. La razón es que los nervios se han acostumbrado a funcionar en un estado antinatural de toxicidad y les parece excesivo tener que ayunar. El ayuno elimina la toxicidad de una forma rápida, haciendo que los nervios se vuelvan irritables. Es muy parecido a lo que ocurre con el sistema nervioso de un drogadicto o un alcohólico, que reacciona cuando se le niegan bruscamente las sustancias adictivas. Cuanto más limpio está el cuerpo, más fácil es ayunar. Por tanto, debemos liberar al cuerpo de la materia tóxica siguiendo las cinco reglas de oro ya mencionadas en este libro. Entonces ayunar se convierte en algo fácil y agradable.

Uno de los beneficios del ayuno es el efecto que produce sobre nuestro bienestar emocional. Es probable que nos sintamos más emotivos durante el ayuno y nada más terminarlo. Eso no es un aspecto negativo, en realidad es positivo, ya que nos da una oportunidad para limpiar los patrones emocionales viejos, estancados y negativos. También es una de las razones por las que es tan importante bajar el ritmo durante el ayuno. Liberarse de las obligaciones cotidianas deja tiempo para la búsqueda interior. Se puede empezar con un ayuno sencillo y corto. Los ayunos cortos nos ayudan a disfrutar de los múltiples beneficios de ayunar, permitiendo al cuerpo, al aparato digestivo y a los órganos descansar, hacer labores de reparación y sanar. También permite descansar a la mente agotada y ofrece una oportunidad para comenzar el proceso de reconstruir la conexión interior con el Ser Superior. Los beneficios del ayuno abarcan todos los aspectos de nuestra vida. Tanto si se ayuna para mejorar la salud como para aumentar la claridad mental, al final se alcanzarán los dos objetivos. El ayuno puede ser una práctica continua, como una semilla que germina, se desarrolla y con el tiempo da fruto y te recompensa con sus beneficios curativos.

Ayunar un día a la semana y seguir otras reglas relativas a la salud puede prevenir la aparición de enfermedades agudas. La mayor ventaja del ayuno es que no dependes de ningún agente externo, como medicamentos u otros tratamientos para rejuvenecer, sino que permites que el poder interior del organismo se encargue de la curación. En otros sistemas de curación, cuando se administra un medicamento equivocado debido a un diagnóstico erróneo o también cuando se toma el medicamento correcto, pero en una cantidad o concentración incorrecta, la enfermedad se puede agravar. Además, pueden manifestarse otros síntomas que previamente no existían. El uso indiscriminado de antibióticos puede dañar seriamente la inmunidad natural del organismo. El uso inadecuado de esteroides puede causar daños irreparables en los órganos vitales. Cuando los antibióticos se administran sin control o hay negligencia por parte de los pacientes, existe la posibilidad de que los microbios y los virus se hagan resistentes a esos medicamentos. Entonces resulta muy difícil tratarlos. Pueden convertirse en lo que se denominan «superbacterias», haciendo alusión a que ya no responden a los antibióticos.

Al prepararse para el ayuno, hay que tener presente que la parte más difícil es simplemente empezar. Conviene prepararse comiendo menos y de forma más ligera un par de días antes. La duración de la preparación está en relación con la intensidad y duración previstas para el ayuno. Cuanto más largo e intenso sea, más días de preparación se requerirán. Para un ayuno de un día, bastará con tomar una cena ligera la noche anterior. Dependiendo del tipo de ayuno, bebe de 1 a 4 l de agua al día. Utiliza el agua de calidad más pura o agua destilada. Quienes emprendan un ayuno de agua pura pueden añadir una rodaja de limón, ya que le añade un poco de sabor y enzimas beneficiosas, y limpia por naturaleza.

Durante el ayuno es esencial darse abundantes oportunidades para descansar, tanto física como emocionalmente. Haz preparativos con antelación para tener suficientes ratos de tranquilidad durante el ayuno. La lectura es una actividad ideal, sobre todo si los textos son edificantes. Permítete tomar pequeñas siestas en caso necesario. Se debe poner gran cuidado en evitar circunstancias que puedan afectarnos emocionalmente. El ejercicio ligero, como caminar por la naturaleza, el *yoga* o los estiramientos, es bueno siempre y cuando no nos agotemos. En muchos caminos espirituales se recomienda guardar silencio el día o los días elegidos para ayunar. Eso permite que las reservas de *prana* se incrementen y estabilicen. La eliminación de las células muertas de la piel con la ayuda de un cepillo mejora aún más la capacidad de desintoxicación del organismo a través de la piel y los pulmones. Quienes tengan el colon lleno de *ama* pueden aplicarse enemas o tomar algún tipo de laxante a base de hierbas para ayudar al proceso de limpieza. Más adelante trataremos este tema.

Si uno se prepara para un ayuno más prolongado, se recomienda modificar la dieta. Para un ayuno de tres días se aconseja comer solo frutas y verduras frescas durante los dos o tres días anteriores. Si el ayuno va a ser más largo, por cada día previsto de ayuno hay que establecer otro día previo de comida a base de frutas y verduras.

La duración del ayuno

El período de tiempo que uno puede ayunar depende de su estado de salud y de su *dosha*, así como de las necesidades emocionales, mentales y espirituales que se tengan en ese momento. La mayoría de las personas que no padezcan problemas de salud crónicos pueden ayunar un día a la semana, consiguiendo inmensos beneficios para su salud. Quienes estén física y mentalmente fuertes pueden ayunar tres días seguidos a base de agua y zumos de frutas y verduras, hasta cuatro veces al año. Las mejores épocas del año para hacer ayunos de tres días son los equinoccios y los solsticios (los cambios de estación). Los ayunos de mayor duración deben realizarse siguiendo las orientaciones de un experto en medicina o de un maestro espiritual. Estos ayunos pueden ser de siete, diez, catorce, veintiuno o veintiocho días de duración.

Cuando uno se acostumbra a ayunar, descubre que se puede hacer un ayuno de tres días sin sentirse débil. Más bien uno se siente sostenido por el *prana*. Incluso se pueden realizar todas las tareas habituales normales sin sentirse cansado. Este ayuno supone una completa puesta a punto de nuestro sistema, de la misma manera que un automóvil es revisado a conciencia en el taller. El conocimiento, la perseverancia y la inspiración para hacerlo con éxito proceden de la dedicación asidua a la *sadhana*, especialmente al *mantra japa* y a la meditación.

Si eres un *sadhak*, puedes dedicar el día del ayuno (que puede ser cualquier día de la semana que te venga bien) a tu *guru* (si tienes un *guru*), a tu *ishta devata* (la forma de tu amado Dios/ Diosa) o a la deidad familiar. Por ejemplo, se considera que el lunes es el día del Señor *Shiva*, el jueves el día del *guru*, el viernes se asocia a la diosa *Lakshmi* y el sábado es el día del Señor *Hanuman*. Al hacerlo de esta manera estarás santificando tu ayuno. Si tu ayuno tiene una finalidad astrológica, cada día está regido por uno de los planetas. El domingo es el día del Sol, el lunes el día de la Luna, el martes está regido por Marte, el miércoles corresponde a Mercurio, el jueves está dedicado a Júpiter, el viernes a Venus y el sábado está regido por Saturno. Además, deberías intentar hacerlo con devoción. Puedes optar por estar en silencio ese día para preservar y aumentar el *prana*. Musulmanes, hindúes, budistas, sijs, jainas, cristianos y judíos ayunan como precepto religioso. También puedes proponerte dejar algún mal hábito el día de ayuno.

Finalizar el ayuno

El modo de finalizar el ayuno es de gran importancia. Hay un dicho que afirma: «Cualquier tonto puede ayunar, pero sólo una persona sabia sabe cómo finalizarlo». El modo de terminar el ayuno depende de la duración y el tipo de ayuno que se haya hecho. La regla general para finalizar un ayuno a base de líquidos es volver muy poco a poco a la alimentación normal. Comenzar con cualquier zumo de fruta de fácil digestión, como por ejemplo de sandía, naranja o limón dulce. Para empezar, bebe alguno de estos zumos dos o tres veces y después incorpora de manera gradual las frutas frescas. De esta manera se consigue volver progresivamente a la alimentación normal.

No vayas con prisas, de lo contrario puedes dañar el aparato digestivo. Por cada día de ayuno a base de agua debe haber un día de recuperación. Si haces un ayuno a base de agua durante tres días, deben pasar al menos otros tres días de recuperación antes de iniciar cualquier actividad física o mental intensa. Recuerda que lo que pretende el ayuno ante la presencia de una afección aguda es hacer que el mecanismo digestivo deteriorado vuelva a funcionar de manera saludable y natural.

Si estás terminando un ayuno a base de un solo alimento, la duración del ayuno determinará el tiempo que se ha de invertir en ir dejándolo. En una dieta a base de un solo alimento, como *kichari*, durante un solo día, no hay ningún problema en volver a tu alimentación normal y saludable al día siguiente. Si has hecho de catorce a veintiocho días de ayuno a base de *kichari*, habría que finalizarlo tomando sopas de verduras fáciles de digerir durante unos días e ir aumentando gradualmente la cantidad de verduras durante una semana aproximadamente.

¿Quién debería ayunar?

*No busques la ayuda de un médico
convencional para una patología que la
medicina convencional no puede tratar
y no dejes en manos de un terapeuta
alternativo una patología que la medicina
convencional puede solucionar bien.*

Dr. Andrew Weil

Casi todo el mundo puede obtener un gran beneficio del ayuno. Sin embargo, hay algunas excepciones debido a circunstancias especiales en las que se debe evitar el ayuno. El ayuno se sigue viendo como una terapia alternativa, pues no es reconocido, prescrito ni utilizado por la mayoría de los médicos convencionales occidentales. La medicina occidental trata las enfermedades y los problemas de salud utilizando principalmente técnicas invasivas. Aunque muchas de estas técnicas modernas dan muy buenos resultados en el tratamiento de algunas dolencias y salvan vidas, fracasan estrepitosamente en la prevención y el tratamiento de otras muchas. El ayuno permite que el cuerpo se cure por sí mismo de una manera armoniosa para todo el organismo. Tiene en cuenta el reequilibrio de nuestro ser a todos los niveles y permite que la inteligencia celular innata se manifieste.

Beneficios de la medicina convencional:

- Trata mejor los traumatismos que cualquier otra forma de medicina
- Diagnóstico y tratamiento de numerosas urgencias médicas y quirúrgicas
- Tratamiento de infecciones bacterianas agudas con antibióticos
- Tratamiento de algunas infecciones parasitarias y fúngicas
- Diagnóstico de problemas médicos complejos
- Sustitución de caderas y rodillas dañadas
- Cirugía estética y reconstructiva
- Diagnóstico y corrección de deficiencias hormonales

La medicina convencional puede ayudar a aliviar los síntomas, pero a menudo es incapaz de eliminar la causa profunda de:

- Las infecciones víricas
- La mayoría de las enfermedades degenerativas
- El funcionamiento de la mayoría de las enfermedades mentales
- La mayoría de las alergias o enfermedades autoinmunes
- Las enfermedades psicosomáticas

¿Quiénes no deben ayunar?

- **Las mujeres embarazadas y las lactantes.** Los bebés en crecimiento y sus madres necesitan comer para desarrollarse.
- **Los bebés y los niños pequeños.** En Estados Unidos no se considera aconsejable permitir que los niños ayunen; sin embargo, en Europa se permite si el niño es obeso, ha decidido ayunar por voluntad propia y cuenta con la supervisión de un profesional. No obstante, la mayoría de las culturas tradicionales del mundo creen que los niños son uno de los mejores candidatos para el ayuno, ya que sus cuerpos y mentes son puras, no están contaminadas por

los malos hábitos ni son objeto del embate de los *shadripus*. Una idea errónea muy extendida es creer que cuanto más coman los niños en edad de crecimiento, más sanos y fuertes estarán. Hay que entender bien que lo que determina la salud, la fuerza y el crecimiento de los niños no es la cantidad de comida que ingieren, sino la calidad de la digestión de los alimentos nutritivos.

- **Quienes padezcan problemas de salud.** No deben ayunar quienes tengan el hígado o los riñones débiles, las personas extremadamente frágiles, desnutridas, o que sufran anemia o agotamiento. También deben evitar el ayuno quienes tengan el sistema inmunitario debilitado, la presión arterial muy alta, quienes padezcan trastornos del azúcar en sangre, como diabetes que requiera medicación, hipoglucemia e hiperglucemia, o quienes tengan mala circulación sanguínea con frecuentes desmayos.

- **Quienes padezcan trastornos de la alimentación.** Las personas diagnosticadas de anorexia o bulimia no deben ayunar.

- **Quienes se hayan sometido a una operación quirúrgica o hayan sufrido alguna enfermedad grave.** Hay que dedicar una buena cantidad de tiempo al descanso y la regeneración antes de emprender un ayuno. También hay que evitarlo antes de someterse a cirugía mayor.

- **Quienes tengan miedo.** El miedo pone la mente en un estado negativo hacia el ayuno que puede llevar a una experiencia desagradable. Está comprobado que las emociones fuertes, como el miedo y la ansiedad, alteran la bioquímica del organismo y los procesos fisiológicos. Pueden alterar o impedir determinadas funciones corporales. Cuando se ayuna, uno debe sentirse relajado, confiado y abierto a los cambios positivos que produce el ayuno.

Tipos de ayuno:

1. Ayuno a base de agua

Este tipo de ayuno es el más antiguo y común. Normalmente supone no tomar nada más que agua durante un determinado periodo de tiempo. A algunas personas les gusta añadirle un poco de limón para darle sabor. El periodo de tiempo que se considera seguro para el ayuno a base de agua es de uno a tres días.

En esencia, consiste en beber de dos a tres litros de agua pura a lo largo del día. Lo mejor es empezar bebiendo de 750 ml a 1'25 l de agua caliente al levantarse.

Si te encuentras en un clima tropical y hay cocos frescos, también se puede utilizar el agua de coco para el ayuno. Es la más perfecta de las aguas de la Naturaleza. A muchas personas les resulta muy fácil ayunar con agua de coco, ya que produce una hidratación celular profunda y posee gran cantidad de nutrientes. El agua de coco contiene azúcares simples, electrolitos y minerales que permiten reponer los niveles de hidratación del organismo. En algunos estudios científicos las citoquinas (fitohormonas que promueven el crecimiento celular) del agua de coco han demostrado que tienen efectos significativos antienvejecimiento, anticancerígenos y anti-trombóticos. El agua de coco está compuesta por numerosas enzimas bioactivas naturales, como la fosfatasa ácida, la catalasa, la deshidrogenasa, la diastasa, la peroxidasa, las ARN polimerasas, etc. Estas enzimas ayudan considerablemente al aparato digestivo y al metabolismo. Aunque el agua de coco posee una consistencia muy ligera, cuenta con una abundante composición de minerales, como calcio, hierro, manganeso, magnesio y zinc. Contiene más vitaminas y minerales que la naranja y el pomelo. El agua de coco también es una fuente importante de vitaminas del complejo B, como la riboflavina, la niacina, la tiamina, la piridoxina y el ácido fólico. Estas vitaminas son esenciales, ya que el cuerpo humano tiene que tomarlas de fuentes externas. Se puede realizar un ayuno consistente en una combinación de agua y agua de coco. Si se hace un ayuno de un día a base de agua, lo ideal es que la última comida antes de ayunar y la primera después de ayunar consistan en fruta fresca.

Tipos de agua

En la actualidad hay numerosos «tipos» de agua a nuestra disposición. Se recomienda utilizar el agua más pura. A continuación presentamos una breve visión general de los diferentes tipos de agua que se pueden adquirir. Elige el que mejor se adapte a tus necesidades. Lo mejor es evitar comprar agua envasada en plástico blando, ya que las toxinas de la botella pasan al agua. En tiendas de alimentación ecológica e internet se pueden adquirir numerosos sistemas de uso doméstico para filtrar el agua.

• **Agua alcalina (pH alcalino 7.0 +):** el agua alcalina ayuda a neutralizar los ácidos del torrente sanguíneo, lo que aumenta los niveles de oxígeno, además de incrementar la energía y mejorar el metabolismo. El agua alcalina tiene propiedades antioxidantes que ayudan neutralizando los radicales libres. Los antioxidantes que se encuentran en forma líquida son absorbidos más rápidamente por el organismo. Los beneficios del agua alcalina están muy claros, ya que tiene propiedades contra el envejecimiento y las enfermedades. También se cree que el agua con un pH equilibrado contiene ciertos elementos que ayudan a desarrollar la resistencia al cáncer. El agua alcalina ayuda a lubricar los músculos y las articulaciones y a prevenir las lesiones. Es la más hidratante de todas las aguas. Dado que la deshidratación puede dañar órganos como el corazón y los riñones, el agua alcalina puede ser considerada como medicina preventiva. Hay numerosos sistemas para alcalinizar el agua de uso doméstico.

- **Agua artesiana (pH variable):** es agua obtenida de un pozo que se nutre de un acuífero confinado (una capa subterránea de rocas o arena que contiene agua).

- **Agua destilada (pH ácido):** agua hervida y posteriormente recondensada a partir del vapor producido por la ebullición. La destilación mata los microbios y elimina los minerales, lo que le da un sabor insípido. El agua destilada es agua que primero se ha transformado en vapor, por lo que todas sus impurezas han sido eliminadas. Después, mediante la condensación, se convierte en agua pura. Algunos consideran que esta es la única agua pura, ya que solo ella está totalmente libre de contaminación. El agua destilada a partir del vapor no es buena para utilizarla a largo plazo, pero es beneficiosa para una limpieza a corto plazo, ya que se une a las toxinas y las expulsa del cuerpo.

- **Agua dura (pH ácido):** el agua dura está saturada de minerales como calcio, hierro, magnesio y otros muchos minerales inorgánicos. Toda el agua de lagos, ríos, del subsuelo y de pozos profundos se clasifica como agua dura. Aunque se puede beber, es muy ácida y puede ocasionar numerosos problemas de salud. El agua dura se puede «ablandar» o filtrar fácilmente para que resulte más adecuada para el aparato digestivo.

- **Agua mineral natural (pH variable):** suele obtenerse directamente de fuentes subterráneas protegidas de la contaminación. El agua mineral natural es un agua de gran pureza. Por exigencias legales debe proceder de fuentes subterráneas que estén protegidas de cualquier tipo de contaminación. Sólo el agua cuya pureza haya sido oficialmente analizada y aprobada puede etiquetarse como «agua mineral natural». Antes de llegar a esta fase debe pasar por unos doscientos análisis diferentes. El agua mineral es agua subterránea que, de forma natural, contiene al menos doscientas cincuenta partes por millón de sólidos disueltos en ella. Todos los minerales y demás elementos traza deben estar presentes en el agua cuando emerge de la fuente. Debe envasarse cerca de donde brota la fuente para mantener su pureza.

- **Agua de la red pública de abastecimiento de agua (agua del grifo) (pH muy ácido):** conocida también simplemente como agua del grifo. Aunque por lo general es segura para el consumo, ha sido sometida a numerosos procesos de filtración y tratada con productos químicos para reducir la presencia de parásitos y bacterias. El agua del grifo no suele ser un producto natural, especialmente en las ciudades. Puede llevar una gran cantidad de residuos de cloro para mantener la seguridad microbiológica durante el almacenamiento y el transporte a través de las redes de suministro, los depósitos y las tuberías, que no siempre están en las mejores condiciones. El agua del grifo de las grandes ciudades suele contener restos de numerosos fármacos y otros productos químicos perjudiciales. La mayoría de las aguas del grifo se han usado en alguna medida anteriormente, por lo que se vuelven a reciclar, tratar y filtrar antes de su consumo.
- **Agua purificada (pH ácido):** es agua de cualquier fuente que ha sido tratada para eliminar

productos químicos y agentes patógenos de acuerdo con las normas de la farmacopea de Estados Unidos. No debe contener más de diez partes por millón de sólidos disueltos. La destilación, la desionización y la ósmosis inversa son métodos de purificación.

- **Ósmosis inversa (OI) (pH ácido):** es una técnica para purificar el agua que utiliza una membrana semipermeable. Es un proceso que somete el agua a presión a través de una membrana semipermeable con una estructura porosa muy fina. Como la mayor parte de los contaminantes inorgánicos son de mayor tamaño molecular que el agua, la membrana no deja pasar determinados contaminantes, minerales y una gran cantidad de agua. Un buen sistema de ósmosis inversa puede eliminar contaminantes como el arsénico, los nitratos, el sodio, el cobre, el plomo, algunos productos químicos orgánicos y los aditivos de flúor que utilizan los ayuntamientos. La única ventaja real para la salud de beber este tipo de agua es que el proceso de ósmosis inversa elimina los contaminantes no saludables.

- **Agua con gas (pH ácido):** es agua que contiene dióxido de carbono en una cantidad equivalente a la que contenía cuando brotó de la fuente. El dióxido de carbono que se pierde durante el proceso de tratamiento se puede añadir de nuevo.

- **Agua de manantial (pH variable, normalmente neutro o ligeramente alcalino, dependiendo del manantial):** procede de una formación subterránea desde la que el agua fluye de forma natural hasta la superficie de la tierra. El agua de manantial debe ser recogida en el mismo manantial o a través de una perforación del acuífero que alimenta al manantial. El agua de manantial natural no ha pasado por ningún sistema de distribución de agua pública.

Ayuno con zumos

El ayuno a base de zumos es una manera extraordinaria de desintoxicarse y de aumentar la salud y la vitalidad al mismo tiempo. Los beneficios nutricionales de los zumos ecológicos frescos ayudan a que el cuerpo sane, se reponga y se desintoxique de los residuos. Los ayunos cortos de uno a siete días a base de zumos son muy beneficiosos para promover un estado de salud equilibrado. Muchos naturópatas y nutricionistas recomiendan más el ayuno con zumos que el ayuno a base de agua. Es más suave que el ayuno a base de agua y aporta al organismo nutrientes de alta calidad de fácil digestión y biodisponibles. Las vitaminas, minerales y enzimas del zumo fresco son fácilmente absorbidos por la sangre y no suponen una carga para el aparato digestivo. El ayuno con zumos también ayuda a desarrollar el gusto por los alimentos frescos y sáttvicos y a acostumbrarse a tener más vitalidad.

Se pueden utilizar zumos tanto de frutas como de verduras. Según las reglas sobre la combinación adecuada de los alimentos, no deben mezclarse en la misma bebida. Los zumos enlatados, embotellados y congelados están desprovistos de *prana* y deben evitarse durante el ayuno. Utiliza los productos más frescos, de mayor calidad y ecológicos durante el ayuno. Los alimentos vivos, como los zumos naturales, son muy potentes, por lo que se recomienda diluirlos al menos en una cuarta parte (una parte de agua por tres de zumo). Los zumos de cítricos se pueden diluir hasta la mitad. Se pueden tomar al día de tres a cinco vasos de zumo (500 ml) con gran cantidad de agua, 2 l como mínimo. Dado que los nutrientes se descomponen rápidamente, el zumo fresco debe ser consumido de inmediato y no guardarlo para otro momento. Algunos zumos tradicionales muy buenos utilizados para el ayuno son los zumos de manzana, remolacha, repollo, zanahoria, apio, cítricos, pepino, uva y «bebidas verdes» hechas con verduras de hoja verde, como la hierba de trigo. Al final de este libro se proponen algunos ejemplos de recetas.

Ayuno del sirope de arce

Se trata de un método popular de ayuno o desintoxicación que se practica en todo el mundo. Está considerado como una forma relativamente fácil de ayunar. Los ingredientes se pueden conseguir fácilmente en cualquier lugar del mundo y poseen suficientes calorías para mantener el nivel de energía. El ayuno del sirope de arce se hace con una mezcla de agua con zumo de limón, sirope de arce de grado B y pimienta de cayena. El sirope de arce de grado B proporciona nutrientes y calorías en forma de azúcares simples. Con el ayuno del sirope de arce no se entra en un estado de cetosis total, como sucede con el ayuno a base de agua. Sin embargo, la cetosis no es necesaria para conseguir la desintoxicación y limpieza del cuerpo. Fue Stanley Burroughs quien creó la receta de la cura del sirope de arce en 1941 en su libro titulado «The Master Cleanser»[1]. Según el libro, la duración estándar de este tipo de ayuno es de diez días. No obstante, su duración puede variar.

El *ayurveda* no está del todo de acuerdo con este método de ayuno, porque tiende a agravar los *doshas*. Al igual que los ayunos a base de agua o zumo, el ayuno del sirope de arce se puede hacer sin riesgos de uno a tres días. Si estás planteándote hacerlo durante más tiempo, consulta antes con un profesional de la salud. Se incluye en este libro con una finalidad meramente informativa y no para fomentar su práctica.

Receta para el ayuno del sirope de arce
Agua: 250 ml

---

[1] Traducido al español con el título «La dieta del sirope de arce y zumo de limón» (n. de la t.)

Zumo fresco de limón o de lima: 2 cucharadas soperas

Sirope de arce 100% puro, grados B o C: 1 o 2 cucharadas soperas

Pimienta de cayena: 1/10 de cucharadita

Se puede mezclar previamente una gran cantidad y guardarla en un recipiente de vidrio hermético. No obstante, es mejor añadir el limón y la pimienta de cayena frescos en cada vaso, ya que sus nutrientes se descomponen rápidamente. Beber de 6 a 12 vasos al día.

Si se opta por hacer un ayuno de sirope de arce completo de diez días, hay que emplear de tres a cinco días para volver a la alimentación normal. Empieza con varios vasos de zumo de frutas el primer día. El segundo día puedes tomar zumo de naranja, caldo de verduras y fruta fresca. El tercer día se pueden añadir verduras cocidas. Al cuarto día ya se puede tomar la alimentación normal.

Ayuno parcial

El *yoga* dice que una persona que toma una sola comida al día está ayunando permanentemente. Los médicos naturistas lo llaman ayuno parcial.

Consiste en tomar una comida al día entre las doce del mediodía y las dos de la tarde. El resto del día se bebe mucha agua y se toman zumos de fruta o verduras frescas, así como infusiones adecuadas a la constitución de cada persona. Eso significa beber de 750 ml a 1'25 l de agua al levantarse y después tomar de 1 a 1'5 l de líquidos a lo largo del día.

Esto puede ser demasiado extremo para algunas constituciones o estilos de vida. Una versión más suave consiste en tomar la cantidad de agua habitual por la mañana, seguida de una pequeña pieza de fruta y, luego, una comida a mediodía. Otra forma de hacer el ayuno parcial es con líquidos mezclados con proteínas en polvo. Esto puede ser adecuado para personas con un estilo de vida activo o que necesiten mantener el nivel de energía. Se pueden utilizar proteínas vegetales o proteínas del suero de la leche que sean ecológicas, procedentes de ganado alimentado con pasto y que estén libres de antibióticos y hormonas. Una ración normal oscila entre los 15 y los 25 gr de proteínas. Se pueden mezclar con agua pura (de ½ a 1 l), agua de coco o zumo de fruta.

Dieta de un solo alimento (monodieta)

Algunas personas tal vez no estén preparadas para comenzar un ayuno utilizando los métodos indicados anteriormente. Entre ellas están las personas que tienen que desarrollar un trabajo físico de intensidad moderada a fuerte. Aun así, a este tipo de personas una monodieta les puede ser de gran ayuda en su proceso de desintoxicación y curación. También es adecuada para quienes deseen seguir un proceso de limpieza, pero no puedan dejar sus responsabilidades diarias. Una monodieta consiste en comer un alimento específico durante un periodo de tiempo. Por lo general, esto supone comer solo fruta o verdura en todas las comidas, de uno a tres días por la semana.

El *ayurveda* recomienda a menudo una monodieta de *kichari* (*mung dal* y arroz basmati cocinados juntos). El *kichari* es un plato tradicional del *ayurveda* y es la dieta principal durante el *pancha karma* (terapia ayurvédica de limpieza; significa literalmente «cinco acciones»). El *kichari* en una proteína completa y uno de los alimentos más fáciles de digerir. Armoniza todos los *doshas*. Tiene un efecto calmante sobre el sistema

198

nervioso y permite aliviar el estrés y eliminar la toxicidad del tracto digestivo. Más adelante se ofrece una receta para cocinar *kichari*.

El *kichari* y otros alimentos que forman parte de las monodietas dan al aparato digestivo la oportunidad de regularse por sí mismo. Es el mejor tipo de ayuno después del ayuno puro. Para algunos es más seguro y equilibrado. Una monodieta puede durar de uno hasta treinta días. Al igual que con cualquier tipo de ayuno prolongado, se recomienda asesoramiento profesional.

Diferentes ayunos para los diferentes *doshas*

No todos los *doshas* pueden o deben hacer ayunos prolongados. Un *dosha vata* es ligero y seco, por lo que no debe ayunar durante más de un par de días. En general, la comida cruda o los zumos no son lo mejor para los *vata*, pues provoca fácilmente en ellos una sensación de estar flotando. La mayoría de las personas *vata* deberían limitar los ayunos de agua o zumo a un día por semana si se encuentran relativamente bien de salud. No se recomienda el ayuno a base de agua o zumo a quienes se sientan débiles. Sin embargo, una monodieta de *kichari* puede ayudar a todas las personas *vata* a regular su aparato digestivo. En función de las necesidades personales, el *kichari* se puede tomar de tres a veintiocho días.

El tipo *pitta* es más fuerte y, por lo general, puede hacer más ayuno. Los individuos *pitta* pueden beneficiarse de ayunos con alimentos crudos, de ayunos de zumos o incluso de breves ayunos a base de agua. Si un *pitta* ayuna durante demasiado tiempo puede volverse irritable y agresivo. Esta es una señal de que ha llegado el momento de poner fin al ayuno. A los *pitta* también les va muy bien hacer monodietas de *kichari*, frutas o verduras.

El tipo *kapha* puede hacer normalmente la mayoría de los ayunos y procesos de limpieza sin problemas. Debería tomar el agua caliente o incluso con jengibre. La persona *kapha* puede hacer fácilmente ayunos prolongados siguiendo las orientaciones de un profesional.

Todas las personas, independientemente de su constitución, deben tener en cuenta la estación y el clima cuando vayan a elegir el momento de ayunar. El ayuno prolongado en mitad del frío invierno puede ser más perjudicial que útil. En general, un gran momento para ayunar es el que coincide con el cambio de estaciones: los equinoccios de primavera y otoño y los solsticios de verano e invierno. Como el ayuno tiende a enfriar el cuerpo, en la estación fría es mejor hacer un ayuno de un día que incluya agua caliente o una monodieta de *kichari* o verduras al vapor.

Capítulo 17

El cuidado del colon

Es conveniente que el buscador espiritual purgue el estómago al menos dos veces al mes. Las heces acumuladas en los intestinos producen agitación y negatividad mental. Mediante la purga no solo limpiamos el cuerpo, sino también la mente.

Amma

El *ayurveda* y la naturopatía reconocen que la salud empieza en el colon. Las enfermedades comienzan con las toxinas que hay en el colon y se propagan desde allí. Además del ayuno, una de las mejores cosas que se pueden hacer para asegurar una buena salud y larga vida es limpiar el colon. Hay que tener presente que durante un ayuno, la limpieza de colon solo es realmente necesaria si hay toxinas acumuladas en él.

Hay métodos excelentes para limpiar el colon. Existen multitud de infusiones laxantes que se pueden tomar por la noche antes de acostarse. Están las tradicionales purgas de agua salada, además de las irrigaciones y enemas. En la mayoría de las ciudades hay profesionales que practican la hidroterapia de colon que pueden hacer una irrigación: un enema administrado por una máquina que inyecta grandes cantidades de fluido en el colon para limpiarlo.

Uno mismo puede administrarse fácilmente un enema suave o hacerlo con la ayuda de un familiar o un amigo cercano. La naturopatía y el *ayurveda* tradicionales utilizan diferentes tipos de enemas. Tradicionalmente, el *ayurveda* hace uso de algún tipo de aceite medicinal u otra sustancia. Aunque la naturopatía tradicional también utiliza los aceites, se apoya mucho en otros líquidos, como el café, el bicarbonato sódico, infusiones, zumo de hierba de trigo, y sales de Epson, del Himalaya o sal marina. Recuerda que el ayuno en general facilita los movimientos saludables del intestino y que otros medios de limpieza del colon solo deben ser administrados si los intestinos funcionan con lentitud o están sobrecargados por un exceso de toxinas.

Las purgas o enemas están contraindicados para personas muy jóvenes o ancianas, en caso de fiebre aguda, debilidad severa, digestión débil, heridas en el ano, prolapso rectal, colitis ulcerosa, apendicitis, insuficiencia cardíaca, diarrea e intestinos muy duros.

Receta para la limpieza del colon por vía oral

Cada cuerpo responde de distinta manera a los diferentes métodos de limpieza. Es recomendable proceder con buen juicio y estar dispuestos a realizar los ajustes necesarios.

Limpieza con cáscara de psyllium y bentonita

- Cáscara de psyllium: 1 cucharadita
- Bentonita en polvo: 1 cucharadita. Si es bentonita líquida: 1 cucharada sopera.
- Agua o zumo de fruta fresca: 250 ml

Mezclar la cáscara de psyllium y la bentonita en un vaso o recipiente mezclador y agregar el agua. Agitar o revolver bien.

Beberlo rápidamente para que no espese.

Beber otros 250 ml de agua pura o zumo. La hidratación es esencial para el proceso de limpieza.

Esto se puede tomar la noche anterior al ayuno de un día o cada noche si se está haciendo un ayuno prolongado. Si hay muchas toxinas puede tomarse dos o tres veces al día durante el periodo de ayuno.

Té triphala

El *triphala* se compone de frutos desecados de *amalaki*, *bibhitaki* y *haritaki* (terminalia belerica, terminalia chebula y emblica officinalis). El *triphala* ha sido utilizado durante miles de años para bajar la presión arterial, aumentar el colesterol HDL y disminuir el colesterol LDL y, a menudo, también se utiliza para regular el nivel de azúcar en sangre y facilitar la pérdida de peso. El *triphala* promueve el crecimiento de las bacterias saludables y restaura el equilibrio del pH en el aparato digestivo.

Un té *triphala* suave se hace con ½ o 1 cucharadita de *triphala* en polvo. Tras echar el polvo en una taza, verter agua caliente y dejar que repose de 5 a 10 minutos.

Para hacer *triphala* con efecto laxante y tónico intestinal, cualquiera de los siguientes métodos son efectivos para facilitar y regular la eliminación:

Beber el té, incluidos los polvos, antes de acostarse. Para conseguir una eliminación más fuerte, hervir de ½ a 1 cucharadita entre 3 y 5 minutos y colarlo todo antes de beberlo. Se puede hacer una infusión fría dejando una cucharadita de *triphala* a remojo en una taza de agua a temperatura ambiente durante toda la noche. Beber esta infusión a primera hora de la mañana en ayunas. Si se trata de un estreñimiento de tipo *vata* (seco) y el *triphala* no funciona, añadir un ¼ de cucharadita de polvo de regaliz por cada ½ cucharadita de *triphala* para hidratar el colon.

Aceite de ricino

El aceite de ricino es un buen tratamiento contra el estreñimiento. Permite una sana evacuación total. La dosis media es de 15 a 30 ml en un vaso lleno de agua templada o caliente o de zumo de frutas, como arándanos, naranja, ciruela o jengibre.

Zumo de aloe vera

El zumo de aloe vera constituye una gran purga. La dosis puede variar en función de la persona, oscilando entre 30 y 120 ml. Sus beneficios para la salud van mucho más allá de la limpieza del colon. El aloe vera contiene hasta diecinueve aminoácidos, veinte minerales y doce vitaminas.

Entre sus muchos beneficios para la salud destacamos:

1. Mejora la circulación sanguínea
2. Regula la presión arterial
3. Promueve la curación de huesos y articulaciones
4. Fortalece el sistema inmunitario
5. Defiende al organismo contra las bacterias
6. Cura los tejidos internos dañados
7. Cura úlceras
8. Ayuda a controlar los niveles de ácido en el estómago y a mantener el estómago equilibrado
9. Mejora y elimina el estreñimiento
10. Mejora y regula los niveles de azúcar en sangre
11. Reduce el picor de la psoriasis
12. Desintoxica el cuerpo
13. Ayuda a hacer la digestión
14. Limpia el colon
15. Ayuda a perder de peso

Los diferentes tipos de enemas

Enema de agua

El enema de agua pura hace que el colon se mueva, favoreciendo la liberación de residuos tóxicos. Estimula los puntos reflejos del colon que están conectados con el resto del cuerpo. El movimiento dentro del colon estimula el movimiento y la liberación de mucosidad desde el sistema linfático. El agua retenida en el colon es absorbida por el organismo, lo cual mejora la hidratación general. Al terminar, se produce habitualmente una sensación de ligereza.

Para hacerlo se necesita 1 l de agua pura o filtrada. El agua debe estar templada (ligeramente por encima de la temperatura corporal; compruébalo con el dedo para no quemarte).

Administrar el enema reteniendo el agua tanto tiempo como sea posible hasta 30 minutos. Después soltar.

Enema de sal

Los enemas de sal del Himalaya o del Mar Muerto relajan los músculos lisos del tracto intestinal y promueven la eliminación de los materiales tóxicos del colon.

El uso de sal del Himalaya o del Mar Muerto en un enema produce una limpieza más rápida y segura que si se toman por vía oral. La solución salina aumenta el agua en los intestinos porque atrae agua hacia el colon. El resultado es una limpieza más a fondo del colon. El enema de sal es una buena solución global cuando se sufre de estreñimiento.

Receta para el enema de sal

– Agua pura: 2 l de agua caliente
– Sal del Himalaya o del Mar Muerto: 4 cucharadas soperas

Agregar la sal al agua tibia y mezclar bien hasta que esté disuelta. Administrar la solución y retenerla todo el tiempo que resulte cómodo.

Enema de café

Aunque pueda parecer extraño introducir en el colon el café que tomamos por la mañana, los enemas de café son famosos por sus efectos desintoxicantes. Los palmitatos del café (kahweol y cafestol) estimulan la acción de la glutatión

S-transferasa (GST), una familia de enzimas que juega un papel esencial en el proceso de desintoxicación natural del organismo. Además de limpiar el colon, el enema de café también ayuda a desintoxicar el hígado y la vesícula biliar. Los enemas de café no pasan a través del aparato digestivo y no afectan al organismo de la misma manera que cuando se bebe. Cuando se administra por vía rectal, la vena porta hepática lleva la cafeína directamente al hígado. El café contiene cafeína, teobromina y teofilina, sustancias que producen la dilatación de los vasos sanguíneos y estimulan el flujo de bilis. Por medio de la bilis el hígado elimina las toxinas almacenadas. La bilis (incluida la bilis tóxica) es reabsorbida nueve o diez veces por las paredes intestinales antes de ser eliminada a través del colon. Mediante los enemas de café ayudamos a eliminar la bilis tóxica del organismo. El enema de café es uno de los más famosos debido a sus prometedores efectos en el tratamiento alternativo contra el cáncer. El Dr. Max Gerson utilizó ampliamente el enema de café para el tratamiento del cáncer en los años cuarenta. El Dr. Nicolás González ha investigado más recientemente el uso altamente beneficioso de los enemas de café en el trata-miento del cáncer.

Receta del enema de café

- Café ecológico de comercio justo: 3 cucha-radas soperas
- Agua caliente pura filtrada: 1 l

Añadir el café al agua, dejarlo hervir durante 3 minutos, luego bajar la intensidad de la coc-ción y hervir a fuego lento durante 15 minutos. Dejar enfriar hasta que alcance la temperatura corporal, filtrar y administrar. Retener el enema de 15 a 20 minutos si es posible.

Precauciones y consideraciones

Para asegurarse de que la limpieza es completa, se puede administrar otro enema al cabo de cuatro o seis horas. De esta forma se eliminará cualquier bilis que haya podido quedar retenida en el intestino delgado y no se haya eliminado en el primer enema.

Utilizar solo café ecológico, ya que el café comercial está lleno de productos químicos.

El enema de café va directamente al hígado y lo mismo hace cualquier producto químico que se haya utilizado en el cultivo de ese café.

Se recomienda evitar los enemas de café por la noche, ya que algunas personas pueden sentir los efectos de la cafeína. Las personas con sensibilidad a la cafeína no deben aplicarse enemas de café.

Enema de zumo de limón

Este tipo de enema elimina el exceso de heces y ayuda a equilibrar los niveles de pH del colon. El malestar y el dolor asociados a la colitis se pueden calmar mediante un enema de zumo de limón a la semana. Además, si se aplica semanalmente, alivia el estreñimiento crónico. El enema de zumo de limón es más eficaz en la limpieza del colon que el enema de agua o el de agua salada.

Receta del enema de zumo de limón

– Zumo de limón recién exprimido: 2–3 tazas
– Agua templada filtrada: 2 l

Mezclar el agua y el zumo de limón, administrarlo y retener de 15 a 20 minutos.

Enema de sal y bicarbonato de sodio

El bicarbonato de sodio es una sustancia completamente alcalina. El uso interno del bicarbonato de sodio ayuda a neutralizar los ácidos y en enema resulta beneficioso para las personas con problemas de salud relacionados con el exceso de acidez. También puede ayudar a restaurar el equilibrio ácido-alcalino durante una enfermedad. El enema de sal y bicarbonato de sodio es útil para quienes sufren de colitis, ya que ayuda a prevenir y curar las úlceras de colon causadas por la acidez.

Receta del enema de sal y bicarbonato de sodio

- Sal del Himalaya o del Mar Muerto: 2 cucharaditas
- Bicarbonato de sodio: 1 cucharada sopera
- Agua templada filtrada: 2 l

Mezclar la sal y el bicarbonato hasta que se disuelvan en el agua. Administrar y retener el enema al menos 10 minutos.

Enema de aloe vera

Este tipo de enema alivia los problemas inflamatorios del aparato digestivo. El aloe vera es un excelente hidratante y calmante. Cuando se utiliza como enema tiene un efecto antiinflamatorio en la mucosa del colon.

Receta del enema de aloe vera

- Agua templada pura filtrada: 1 l
- Zumo de aloe vera integral. La cantidad de zumo dependerá de lo fuerte que se desee el enema:
- Leve: 1-2 cucharadas soperas
- Medio: 3-5 cucharadas soperas
- Fuerte: 6-10 cucharadas soperas

Enema de hierba de trigo

Este enema es parecido al de café, salvo que la hierba de trigo está llena de nutrientes y oxígeno. Limpia y nutre al mismo tiempo. El enema de hierba de trigo es una excelente forma de equilibrar el pH. Se lleva utilizando durante más de cincuenta años para curar numerosas dolencias asociadas a la toxicidad en el hígado y el colon, así como para las deficiencias del sistema inmunitario. La hierba de trigo proporciona abundante energía debido a que sus vitaminas entran directamente en el torrente sanguíneo.

Receta del enema de hierba de trigo

- Agua templada pura: 2 l
- Jugo de hierba de trigo: de 15 a 30 ml. Si es en polvo: de ½ a 1 cucharadita.

Mezclar y aplicar el enema. Retener de 10 a 15 minutos.

También se pueden administrar directamente en el colon de 180 a 360 ml de jugo de hierba de trigo y retener tanto tiempo como sea posible. Es un tónico altamente nutritivo.

Nutrición con hierba de trigo

30 ml de jugo de hierba de trigo recién hecho tienen un valor nutricional equivalente a un kilo de verduras de hoja verde.

La hierba de trigo contiene más de noventa minerales, entre los cuales hay una alta concentración de los minerales más alcalinos: potasio, calcio, magnesio y sodio.

Contiene enzimas esenciales: proteasa (ayuda a digerir las proteínas), citocromo c oxidasa (un potente antioxidante), amilasa (facilita la digestión), lipasa (descompone las grasas), transhidrogenasa (fortalece el músculo del corazón) y superóxido dismutasa o SOD (se encuentra en todas las células del organismo y es conocida por su capacidad para reducir los efectos de la radiación y ralentizar el envejecimiento celular).

Una cucharadita de hierba de trigo en polvo de unos 3'5 gr tiene el mismo valor nutricional que una ensalada de espinacas de 50 gr.

La hierba de trigo contiene 19 aminoácidos. Ayuda al organismo a fabricar glóbulos rojos, que llevan el oxígeno a las células. Al aumentar la oxigenación, el organismo puede compensar el efecto de contaminantes medio ambientales como el humo y el monóxido de carbono.

Cómo hacer un enema

El enema introduce el líquido contenido en una bolsa a través del ano, pasando por el recto hasta llegar al colon. En la mayoría de las farmacias, droguerías y tiendas de alimentación saludable se pueden comprar equipos para hacer enemas. Estos equipos se componen habitualmente de una bolsa, una llave o válvula para controlar la salida del enema, dos cánulas (una para el ano y otra para la vagina) y un tubo. También se pueden adquirir por internet equipos para hacer enemas con un cubo en lugar de una bolsa.

Instrucciones

- Preparar la zona donde te vas a poner el enema con material de protección adecuado, por ejemplo, una toalla, una compresa caliente, etc.
- Preparar el enema líquido.
- Cerrar la llave del enema y llenar la bolsa o el cubo con el fluido de enema.
- Colgar la bolsa o el cubo con el enema de modo que quede un metro por encima de donde vas a estar tumbado o arrodillado.
- Poner la cánula del enema en un recipiente y abrir la llave para que pueda salir el aire que haya podido quedar en el tubo del enema. Cerrar la llave.
- Lubricar la zona anal con aceite (funciona bien el de sésamo, coco o *ghee*).
- Colocarse en una posición cómoda para ponerse el enema (boca arriba, de lado o de rodillas). Cuando el objetivo del enema es el hígado (enema de café) es mejor recostarse

sobre el lado derecho. Esta posición facilita que el fluido del enema llegue al hígado.

- Insertar suavemente en el ano de 3 a 5 cm de la cánula del enema.
- Abrir la llave para permitir que entre el líquido.
- Masajear el abdomen o aplicar una compresa tibia.
- Retener el líquido del enema durante el tiempo especificado.
- Al terminar, ir al baño para expulsar el enema.

Algunos consejos sobre el enema

Si ponerte un enema te parece muy difícil, prueba a hacerlo mientras estás sumergido en un baño templado, ya que esto ayudará a relajar los músculos abdominales. Puede que haya que ajustar la cantidad de fluido para compensar la dificultad de retenerlo. No aplicar un enema cuando se tiene hambre.

Capítulo 18

Cepillado de la piel en seco para la salud y la desintoxicación

Cepillar la piel en seco ayuda a eliminar las células muertas y las toxinas, ayudando a generar una piel más saludable y revitalizada. Cepillar la piel no es una práctica nueva. Numerosos textos históricos de la medicina ayurvédica y china hacen referencia al masaje de la piel con diferentes instrumentos, como palos, arena y piedras.

En la desintoxicación mediante el ayuno, la apertura de los poros de la piel ayuda a facilitar la eliminación de las toxinas. La piel es uno de los órganos de eliminación más importantes y se calcula que una tercera parte de las toxinas y los materiales de desecho del organismo se expulsan a través de la piel durante el ayuno.

El *dhatu rasa* (sistema linfático) juega un papel significativo en la desintoxicación del organismo. Cuando los materiales de desecho dejan las células, son eliminados a través de la sangre o la linfa. Mientras que la sangre tiene al corazón para bombearla por todo el cuerpo, la linfa se mueve de manera considerablemente más lenta, siendo impulsada bien por los pequeños tejidos musculares que recubren los vasos linfáticos o bien por el movimiento de los músculos del esqueleto, más grandes. Cuando la linfa lleva una gran cantidad de toxinas, contiene más mucosidad para mantener esas toxinas en suspensión. Esa mucosidad se hace más densa y ralentiza el movimiento del sistema linfático. La estimulación del sistema linfático durante el ayuno ayuda al organismo a eliminar las toxinas con mayor facilidad.

Los beneficios del cepillado de la piel en seco

- Mejora el flujo de la sangre hacia la superficie de la piel
- Estimula los sistemas linfático, nervioso, circulatorio y glandular
- Abre los poros al eliminar las células muertas de la piel, permitiendo que la piel respire mejor y transpire libremente

- Estimula las glándulas sebáceas de la piel, haciendo que llegue a la superficie más aceite natural del cuerpo
- Mejora el tono de la piel
- Alivia cualquier reacción producida por la limpieza y el ayuno, como las jaquecas
- Da una sensación general de vigor físico y mental

Capítulo 19

Recetas

El sol, con todos los planetas que se mueven
a su alrededor y dependen de él, puede hacer
madurar un racimo de uvas como si no
tuviera nada más que hacer en el universo.

Galileo

Presentamos a continuación algunas recetas que pueden utilizarse durante el ayuno. Sé creativo e idea tus propias deliciosas creaciones. Recuerda las leyes de la combinación de los alimentos. Las frutas y las verduras no se mezclan.

A cualquier receta líquida se le puede añadir:
Zumo de jengibre fresco: 30-60 ml
Zumo de hojas de cilantro fresco: 30-60 ml
Pimienta de cayena en polvo: una pizca

Agua con limón, jengibre y miel:

– Agua pura: 1 l
– Jengibre: 2'5 cm (troceado)
– Zumo de limón: de 30 a 60 ml
– Miel cruda: 1-2 cucharadas soperas

Cortar el jengibre en trozos pequeños y cocer entre 5 y 7 minutos. Dejar reposar el jengibre de 15 a 30 minutos. Colar el jengibre y añadir la miel y el limón.

Agua verde:

— Agua pura: 1 l
— Zumo de hierba de trigo: 30 ml. Si es en polvo: ½ cucharadita
— Chlorella de pared celular rota: ½ cucharadita
— Spirulina ecológica: ½ cucharadita
— Zumo de aloe vera: 60 ml

Zumos

Aloe y granada:

— Zumo de hoja entera de aloe vera: 60 ml
— Granada: 120 ml (si no podemos conseguir zumo de granada se puede hacer con 30 ml de zumo concentrado de granada, que se vende en la mayoría de las tiendas de alimentación saludable y en internet)
— Agua de coco natural o agua pura: 240 ml

Tónico de manzana:

- Manzanas: 240 ml
- Vinagre de sidra: 30 ml
- Zumo de aloe vera: 30 ml

Tónico antioxidante:

- Uva roja: 180 ml
- Arándanos: 60 ml
- Cerezas: 60 ml
- Granada: 60 ml
- Zumo de aloe vera: 60 ml

Zumo de hierba de trigo:

- Agua pura o agua de coco: 240 ml
- Zumo fresco de hierba de trigo: 30 ml. Si es en polvo: ½ cucharadita

Tónico agni:

- Agua pura: 240 ml
- Jengibre: 60 ml
- Miel cruda: ½ cucharadita

Limonada de jengibre:

- Agua pura: 300 ml
- Limón: 120 ml
- Jengibre: 60 ml

– Miel cruda: ½ cucharadita

Tónico 4 hortalizas:

– Zanahoria: 240 ml
– Apio: 120 ml
– Pepino: 120 ml
– Cilantro: 60 ml

Añadir zumo de jengibre o cayena si queremos que nos caliente.

Tónico sanguíneo:

– Remolacha: 180 ml
– Raíz de bardana: 120 ml
– Col lombarda: 120 ml
– Apio: 60 ml
– Jengibre: 30 ml
– Pimienta de cayena: 1/8 de cucharadita

Tónico alcalino:

– Zanahoria: 240 ml
– Remolacha: 120 ml
– Apio: 120 ml
– Col lombarda: 60 ml

Tónico energético:

- Zanahoria: 360 ml
- Ajo: 2 dientes
- Perejil: 1 puñado

Tónico antiinflamatorio:

- Zanahoria: 210 ml
- Apio: 120 ml
- Brócoli: 90 ml
- Espárragos: 60 ml
- Perejil: 1 puñado
- Cilantro: 1 puñado
- Jengibre: 2'5 cm
- Cúrcuma: 2'5 cm

Estimulador del sistema inmunitario:

- Remolacha: 180 ml
- Espinacas: 120 ml
- Apio: 90 ml
- Zanahoria: 120 ml
- Col rizada: 60 ml
- Raíz de bardana: 60 ml
- Jengibre: de 2'5 a 5 cm

Receta verde:

- Apio: 180 ml

- Espinacas: 60 ml
- Col rizada: 60 ml
- Cilantro: 60 ml
- Perejil: 60 ml
- Pepino: 60 ml
- Brócoli: 60 ml

Brisa de verano:

- Pepino: 360 ml
- Apio: 120 ml
- Cilantro: 60 ml
- Menta: 1 puñado

Licuar el pepino, el apio y el cilantro, poner la menta y el jugo en una batidora y batir durante 30 segundos.

Manzana, limón y menta:

- Manzana: 360 ml
- Limón: 120 ml
- Menta: 1 puñado

Licuar la manzana y el limón, poner la menta y el jugo en una batidora y batir durante 30 segundos.

Sueño de coco:
- Agua de coco: 240 ml
- Naranja: 120 ml
- Piña: 120 ml

Delicias de melocotón:
- Agua de coco: 240 ml
- Melocotón: 180 ml
- Naranja: 60 ml

Dicha de cítricos:
- Pomelo: 240 ml
- Naranja: 120 ml
- Limón: 60 ml
- Manzana: 60 ml

Delicias de uva:
- Uva roja: 300 ml
- Manzana: 120 ml
- Cerezas: 60 ml
- Limón: 30 ml

Delicias de bayas:
- Manzana: 180 ml
- Arándanos: 120 ml
- Moras: 60 ml

– Pera: 60 ml
– Kiwi: 60 ml

Amanecer tropical:

– Agua de coco: 180 ml
– Naranja: 180 ml
– Piña: 120 ml
– Kiwi: 60 ml

Paraíso de piña:

– Agua: 240 ml
– Piña: 120 ml
– Jengibre: 60 ml
– Limón: 30 ml
– Menta: 1 puñado
– Miel cruda: ½ cucharadita

Licuar todos los ingredientes excepto la menta y la miel. Poner el jugo, la menta y la miel en una batidora y batir durante 30 segundos.

Kichari (para cuatro raciones)

Ingredientes:

- Judías mungo[1]: 2 tazas
- Arroz basmati: 1 taza
- Agua: 6 tazas
- *Ghee*: 2 cucharas soperas
- Sal marina: 1 cucharadita
- Pimienta negra en polvo muy fina: ½ cucharadita
- Jengibre en polvo: ½ cucharadita
- *Hing* (asafétida): 1/8 de cucharadita
- Comino molido: 1 cucharadita
- Cilantro molido: 1 cucharadita
- Cúrcuma molida: 1 cucharadita
- Cilantro fresco picado muy fino: 1 taza

Preparación

Poner a remojo las judías mungo y el arroz basmati durante varias horas. Después enjuagar bien hasta que el agua salga clara. Poner a hervir las seis tazas de agua a fuego fuerte. Añadir las judías y el arroz y cuando rompa a hervir, reducir la temperatura a la mitad y cocer durante 15

---

[1] En España también se les conoce como soja verde (n. de la t.)

minutos. Mantenerlo tapado y remover cada 3 minutos. Después de una media hora, sofreír el *ghee* y las especias a fuego entre bajo y medio en una cacerola durante unos 5 minutos. Añadirlo al *kichari*. Cocinarlo todo durante otros 5 o 10 minutos. Retirar del fuego, añadir el cilantro y tapar. Dejar reposar unos 10 minutos antes de servir. Se puede añadir ya en el plato una cucharada de yogurt natural. Si prefieres el *kichari* picante, se puede añadir media cucharadita de cayena o un par de guindillas bien picadas a las especias mientras se sofríen.

Aum brahmarpanam brahma havir brahmagnau brahmana hutam brahmaiva tena gantavyam brahma karma samadhina Brahman es la oblación.

Brahman es la ofrenda del alimento, que mediante *Brahman* es ofrecido al fuego de *Brahman*. *Brahman* es lo que hay que alcanzar mediante la concentración total (*samadhi*) en la acción de *Brahman*.

Bhagavad Gita, 4:24

Capítulo 20

La meta de la vida

Nuestro cuerpo es perecedero. Sólo el alma es permanente. Este es un cuerpo alquilado. En cualquier momento se nos pedirá que lo dejemos. Antes de eso, debemos buscar una morada permanente. Así, cuando dejemos el cuerpo, nos trasladaremos a esa morada permanente, la casa eterna de Dios. Nadie trae nada a este mundo, ni nadie se lleva nada consigo cuando se va.

Amma

Cuando nos damos cuenta de que estamos en cuerpos «alquilados», intuimos que debe de haber un fin o una meta superior más allá del simple disfrute de las comodidades materiales y de los placeres de la existencia temporal. El *ayurveda* y el *yoga* afirman que hay cuatro metas o deseos en la vida considerados legítimos y dignos de ser buscados. Se les conoce con el nombre de *purusharthas* y se considera que son aplicables a todos los seres humanos. Estos deseos básicos universales constituyen la base de todos los demás deseos.

Las cuatro metas o deseos reconocidos en los *shastras* (escrituras védicas) son *kama*, *artha*, *dharma* y *moksha*. Todos los seres persiguen alguna de estas metas o todas ellas. Una vez identificada una de estas metas, debemos buscar los medios adecuados y trabajar para alcanzarla. La meta debe ser clara, valorada y buscada con intensidad y conciencia. Hasta dónde queramos llegar en la búsqueda de estas cuatro metas determinará el equilibrio y la armonía que tengamos en la vida, así como el éxito que vayamos a alcanzar. Las tres primeras metas son catalizadores de la cuarta, la definitiva, que es *moksha* (el conocimiento del Ser). Para alcanzar cualquiera de estas metas tenemos que estar fuertes, saludables y llenos de vitalidad y amor. Hay que tener un cuerpo sano, un corazón sano y una mente despejada. La limpieza y el ayuno son los medios más potentes para poner en funcionamiento la capacidad natural de curación de los seres humanos, tanto a nivel físico como espiritual.

Las cuatro metas de la vida

1. *Kama* (el deseo): *kama* significa satisfacer los deseos legítimos con la ayuda de nuestras posesiones (*artha*).

2. *Artha* (la riqueza): *artha* significa la acumulación de riquezas o posesiones mientras cumplimos con nuestro deber (*dharma*).

3. *Dharma* (la carrera profesional, el camino de la vida): además de la carrera profesional o el trabajo, *dharma* significa el cumplimiento de las obligaciones personales con la sociedad. Lo ideal sería que los deberes profesionales y sociales estuvieran en sintonía

4. *Moksha* (la liberación): *moksha* es el conocimiento del Ser y el darnos cuenta de que en la vida hay algo más que deberes, posesiones y deseos (*dharma*, *artha* y *kama*).

Kama

Traducido literalmente como «deseo», *kama* es el logro de las aspiraciones personales. Todas las ambiciones y deseos, como la lujuria, se consideran *kama*. Sin embargo, a un nivel más profundo, el *kama* representa el impulso innato de alcanzar las aspiraciones personales.

Para la mayoría de las criaturas, el disfrute es la esencia de su existencia. Todos queremos ser felices y no sufrir. Sin embargo, en el mundo de hoy la mayoría busca la felicidad en las cosas externas. La felicidad real, duradera y sin fluctuaciones solo procede del Ser que habita en lo más profundo de nosotros y no de los objetos externos. Los objetos externos sirven para conseguir fines válidos, pero hay que entender cuál es su verdadero lugar en la vida.

Por ejemplo, muchas personas en el mundo actual ansían la satisfacción sexual y ese deseo guía muchas de sus decisiones y acciones. Al final debemos darnos cuenta de que el cuerpo y el mundo perecerán inevitablemente, y que la verdadera fuente de la felicidad se encuentra dentro de uno mismo. Eso no significa que no haya que disfrutar de los objetos del mundo sino que, simplemente, tenemos que entender su naturaleza transitoria y soltar nuestro apego a las cosas. La causa nuestro sufrimiento es el apego a los objetos externos. Amma desea que recordemos que:

Nada en este mundo material es eterno. Todo puede desaparecer en cualquier momento.

Por eso, vivid en este mundo con la atención del pájaro que se posa sobre una rama seca. El pájaro sabe que la rama puede romperse en cualquier momento.

Artha

Artha significa riqueza o prosperidad. Hace referencia a la acumulación de riqueza. Para vivir es necesaria una cierta cantidad de riqueza. Nuestras necesidades básicas son ropa, comida, cobijo y medicinas cuando estamos enfermos. El dinero representa un medio para conseguir recursos materiales. Facilita el cumplimiento de nuestros deseos y deberes, y nos da sensación de seguridad. En esencia, los bienes materiales nos permiten actuar cómodamente en la vida.

Deberíamos reflexionar seriamente sobre nuestra actitud hacia el dinero y el trabajo. Si somos altruistas y compartimos con los demás las cosas con las que hemos sido bendecidos, entonces siempre habrá suficiente para todos los seres del mundo. Si acumulamos riquezas, otros no tendrán nada y sufrirán. El universo es compasivo. La Madre Tierra es compasiva.

Ella siempre provee a sus hijos si no abusan de su generosidad.

El sabio *Sri Adi Shankaracharya* escribió en su obra *Vivekachudamani* («La joya suprema del discernimiento»): «No hay esperanza de inmortalidad por medio de la riqueza, de hecho así lo afirman los *Vedas*. Por tanto, está claro que las obras no pueden ser la causa de la liberación».

Si tenemos la suerte de haber acumulado riquezas y donamos regularmente una parte de nuestras ganancias a causas benéficas que alivien el sufrimiento, entonces estamos realizando una forma de servicio desinteresado hacia los demás (*karma yoga*). Amma dice: «Hay una gran diferencia entre comprar medicinas para aliviar nuestro dolor y salir a comprarlas para aliviar el dolor de otra persona. Esto último da muestra de un corazón afectuoso». La pobreza en países como la India es desoladora. La gente sufre porque no puede permitirse siquiera un analgésico de diez rupias para aliviar un dolor de cabeza. Algunos incluso mueren porque no pueden ni comprar un antibiótico que vale tres euros. Si utilizamos una parte de nuestros ingresos para ayudar a estas personas, nuestra vida será una bendición. Cuando servimos desinteresadamente empezamos a sentir que la presencia de la divinidad florece en nuestros corazones.

Dharma

Dharayati iti dharma significa «aquello que lo sostiene todo». El *dharma* hace alusión a la conducta correcta y al modo recto de vivir en el mundo. *Dharma* puede referirse simplemente a nuestro trabajo o vocación, pero también a cómo vivimos en el mundo. El verdadero *dharma* es seguir el camino de la conducta correcta y vivir en armonía y amor. En su sentido más elevado, *dharma* significa el camino supremo, la ley natural o la manera en que las cosas suceden. Así como el *dharma* del sol es brillar y el *dharma* de los planetas es girar alrededor del sol, los seres humanos tenemos un *dharma* que obedecer. Si lo hacemos con atención y conciencia, el *dharma* nos llevará a través del océano del *samsara*. Seguir nuestro propio *dharma* supone entregarnos al fluir del cosmos y a las leyes naturales del universo. El verdadero papel de la espiritualidad es el de revelar a cada individuo su *dharma*, que es único. Sin embargo, en estos momentos la implicación del ego relega al *dharma* a menudo al dogma y al ritual. El *dharma* es mucho más que religión. Trasciende castas y opiniones y filosofías limitadas. Es una forma de vida que permite la coexistencia pacífica con los demás y que nos lleva a alcanzar todas nuestras metas, mundanas y espirituales. La manera en que cada uno manifiesta el *dharma* es única. Mark Twain escribió: «Haz siempre lo correcto. Eso complacerá a algunos y asombrará al resto». Hay una razón concreta para los talentos únicos que todos tenemos. Amma dice: «No podéis seguir sin más el camino que os apetezca. Cada uno tiene su propio camino, que es el que siguió en su nacimiento anterior. Sólo si se sigue ese camino habrá progreso en la práctica personal».

Si nos esforzamos, pronto vendrá la gracia de Dios. Parte de ese esfuerzo consiste en mirar hacia adentro y encontrar nuestro propio camino, nuestro *dharma*. Es nuestra responsabilidad para con nosotros mismos, el mundo y toda la creación permitir que nuestros talentos se manifiesten. El mundo es la hermosa creación de Dios y cada persona tiene un papel que desempeñar en ella. Desempeñar nuestro papel en la perfección del mundo es el culmen del *dharma*, y para lograrlo no debemos actuar a ciegas o con indiferencia. Cuando cada uno siga su *dharma* individual y universal, la verdad y la rectitud volverán al mundo.

La naturaleza es un inmenso jardín de flores. Los animales, los pájaros, los árboles, las plantas y las personas son las flores de ese jardín, que muestran su plenitud y sus diferentes colores. La belleza de ese jardín será completa cuando todos los seres vivan como si fueran uno, extendiendo así las vibraciones del amor y la unidad. Trabajemos juntos para evitar que esas diferentes flores se marchiten y el jardín pueda conservar su belleza eternamente.

Amma

Moksha

Moksha significa «liberación de las ataduras de la ignorancia». El *jiva* puede fundirse en el *Atman* mientras vive en este mundo. *Moksha* es la completa liberación del ciclo de nacimiento, muerte y renacimiento. Es el conocimiento del Ser. Es la liberación de todas las limitaciones de la mente, de las limitaciones del tiempo y el espacio, y de la dependencia de *artha* y *kama*. *Moksha* es el conocimiento de nuestro Ser como *Brahman*. Solo esto es la iluminación. Cualquiera puede alcanzar esta meta. Amma dice:

Es posible alcanzar la meta espiritual viviendo en familia, siempre que te mantengas desapegado como un pez en agua fangosa. Cumple con tus deberes hacia la familia como si fuera tu deber hacia Dios. Además de tu esposo o esposa debes tener un amigo, y ese amigo debe ser Dios.

Los primeros tres *purusharthas* son metas externas, mientras que el deseo de *moksha* es una meta interior y el verdadero fin de la vida. A través del conocimiento de lo impermanente se despierta el deseo por lo permanente hasta que, finalmente, el deseo de prestigio, fama y riqueza desaparece. No hay que renunciar a estas cosas, sino disolver el apego y la identificación con ellas. Esta disolución natural de los viejos apegos es el primer paso hacia la renuncia de una vida centrada en lo material con el fin de alcanzar la meta del *moksha*. El verdadero conocimiento es dejar que estos apegos y falsas identificaciones se disuelvan. Al darnos cuenta de que nada nos pertenece y que todo pasa con el tiempo, la mente es capaz de discernir la temporalidad de la existencia.

Amma conoce la naturaleza de nuestra mente respecto a la renuncia. Ella lo explica de manera elocuente:

La palabra «renuncia» asusta a algunas personas. Su actitud es que si el contento solo se consigue mediante la renuncia, entonces es mejor no sentirse conforme. Se preguntan cómo podrían vivir conformes sin riquezas, sin una casa bonita, un buen coche, una esposa o esposo, sin todas las ventajas y comodidades de la vida. Piensan que sin todo eso la vida sería imposible, un infierno. Pero, ¿conocéis a alguien cuyas posesiones le hagan sentirse realmente feliz y satisfecho? Las personas que buscan la felicidad en las muchas comodidades de la vida son las más desgraciadas. Cuanta más riqueza y comodidades tenga una persona, más problemas y preocupaciones tendrá. Cuanto más desee, más insatisfecha se sentirá porque los deseos no tienen fin. La cadena de la codicia y el egoísmo sigue creciendo. Es una cadena interminable.

De los cuatro objetivos de la vida, el *dharma* debe ser siempre el primero. Debemos tratar de enraizar nuestras vidas en la rectitud. Nuestras acciones deben estar motivadas por el amor y la compasión, en lugar de por el egoísmo. Entonces, el uso adecuado de *artha* y *kama* se manifestará espontáneamente. Las experiencias de la vida harán que la ecuanimidad surja y la mente se volverá hacia el interior. La felicidad duradera vendrá de esta conciencia interior del Ser.

El *ayurveda* dice que si seguimos estos principios, podremos llevar una vida en armonía, libre de enfermedad y saludable. Además, si seguimos con sinceridad estas orientaciones, ayudaremos a restaurar la armonía en el mundo. *Sri Adi Shankaracharya* dijo: «¿Puede haber un necio mayor que aquel que, tras recibir el raro privilegio de un cuerpo humano, se despreocupe por conseguir la verdadera meta de esta vida?».

La meta suprema de la vida, el conocimiento del Ser, debería acaparar toda nuestra atención. Este precioso nacimiento humano no debe malgastarse en placeres sensoriales ni en la búsqueda de lo material. En lugar de eso, invirtamos esta vida en liberarnos del ciclo de nacimiento y muerte. Solo contamos con el presente. Volvámonos hacia adentro y descubramos la verdad y la belleza que permanecen ocultas en nuestro interior.

El *ayurveda*, la naturopatía, el *yoga* y el ayuno son herramientas de un valor incalculable que nos ayudarán en este viaje. Cuando el cuerpo y la mente se hayan purificado, veremos claramente la naturaleza del universo y del Ser. Debemos esforzarnos para que fluya la gracia. Debemos fortalecer nuestros corazones y nuestras mentes para que se dirijan con total determinación hacia la meta. Que la gracia y el amor de Amma os bendigan siempre.

Alcémonos todos y demostremos al mundo que la compasión, el amor y el interés hacia nuestro prójimo no han desaparecido por completo de la faz de la tierra. Construyamos un nuevo mundo de paz y armonía, manteniéndonos profundamente fieles a los valores universales que han alimentado a la humanidad desde tiempo inmemorial. Digamos adiós para siempre a la guerra y a la brutalidad, reduciéndolas a meras historias del pasado. Que seamos recordados en el futuro como la generación de la paz.

Amma

Guía de pronunciación

Las palabras indias aparecen en cursiva en el libro —excepto «Amma»— y están en la transcripción original inglesa. En esta guía indicamos cómo se pronuncian aproximadamente en español, así como el género de los sustantivos en nuestra lengua (femenino / masculino = f / m) y en algunos casos el número plural (= pl). En cada país o región hispanohablante la pronunciación del español es diferente. Aquí adoptamos la pronunciación castellana.

Hay que pronunciar las letras de la transcripción española como si fuera una palabra española, con las siguientes excepciones:

- La letra *sh* suena como en inglés (*shock*).

- La letra *j*, también como en inglés (*John*).

- La letra *g* suave, como en *gato*, aunque vaya antes de *i* o *e*.

- La letra *h* siempre aspirada, como en inglés (*house*), nunca muda como en español.

- La letra *r* siempre suave, como en *cara*, no como en *rosa*, aunque vaya a principio de palabra.

Cuando la palabra se pronuncie en español igual que se escribe en inglés, ponemos íd., para abreviar.

aarogyam: arógyam (m)

aarogyam annadheenam: arógyam annadhínam

acharya: íd. (f/m)

adharma: íd. (m)

Adi Shankaracharya: íd: (m)

Aditi: Áditi (f)

agni: íd. *(m)*

agni-mandya: íd. (m)

ahamkara: íd. (m)

ahimsa ahara: íd. (m)

ahimsa: íd. (f)

akash: íd. (m)

akasha: íd. (m)

ama: íd. (m)

amalaki: ámalaki (f)

amrita: ámrita (m)

anadi: íd.

anandamaya kosha: anándamaya kosha (m)

ananta: íd.

annamaya kosha: ánnamaya kosha (m)

anuloma-viloma: íd. (m)

   apas: íd. (m)

artava: ártava (m)

artha: íd. (m)

asana: ásana (m)

Ashtanga Hridayam: Ashtanga Hrídayam (m)

ashwagandha: íd. (m)

asthi: íd. (m)

Atma: íd. (m)

atma-bala: íd. (m)

Atman: íd. (m)

atma-vicharya: íd. (m)

AUM: om (m)

Aum brahmarpanam brahma havir brahmagnau brahmana hutam brahmaiva tena gantavyam brahma karma samadhina:

Om brahmárpanam brahma havir brahmagnáu bráhmana hutam brahmaiva tena gantavyam brahma karma samádhina

ayu/s: íd. (m)

ayurveda: íd. (m)

Bhagavad Gita: Bhágavad Guita (f)

bhakti yoga: íd. (m)

bhogi: íd. (m)

bhutagnis: íd. (m)

bibhitaki: bibhítaki (f)

Brahma: íd. (m)

Brahman: íd. (m)

Buddha: íd. (m)

buddhi: íd. (f)

chakra: íd. (m)

Chandogya Upanishad: Chhandoguia Úpani-
shad (f)

Charaka Samhita: Cháraka Sánhita (f)

chitrak: chítrak (m)

chitta: íd. (m)

chitta shuddhi: íd. (f)

Devi: íd. (f)

Dhanvantari: Dhanvántari (m)

dharayati iti dharma: dhárayati iti dharma

dharma: íd. (m)

dhatu: íd. (m)

dhatu-agni-mandya: íd. (m)

dhatu svedha: dhatu sueda (m)

dhatvagni: íd. (m)

din: íd. (m)

dinacharya: íd. (f)

dosha: íd. (m)

dosha sammurcchana: dosha sammúrchchana (m)

dusha: íd.

gandha: íd. (m)

ghee: ghi (m)

guna: íd. (m)

guru: íd. (f/m)

Hanuman: Hánuman (m)

haritaki: harítaki (f)

hatha yoga: íd. (m)

hing: íd. (f)

iccha: ichchha (f)

iccha-shakti: ichchha shakti (f)

indriya: índriya (m)

ishta devata: ishta dévata (f)

jala: íd. (m)

japa: íd. (m)

jatharagni: íd. (m)

jiva: íd. (m)

jnana: jñana (m)

jnana yoga: jñana yoga (m)

jnanendriya: jñanéndriya (m)

kama: íd. (m)

kapalabhati: íd. (f)

kapha: íd. (m)

Kapila: Kápila (m)

karma: íd. (m)

karma yoga: íd. (m)

karmendriya: karméndriya (m)

Kashyapa Samhita: Kashyapa Sánhita (f)

khya: íd.
kichari: kichri (f)
kleda: íd. (m)
kosha: íd. (m)
kri: kr
krimi visha: krmi visha (m)
Krishna: íd. (m)
kriya: íd. (f)
kriya-shakti: kriya shakti (f)
krumi: krmi (m)
kumbhaka: kúmbhaka (m)
Lakshmi: íd. (f)
Lalita Sahasranama: Lálita Sahasranama (m)
langhanam paramoushadham: lánghanam
paramóushadam
mahabhuta: íd. (m)
mahat: máhat (m)
majja: íd. (f)
mala sanchaya: mala sánchaya (m)
mala: íd. (m)
mamsa: íd. (m)
manas: íd. (m)
manas prakriti: manas prakrti (f)
manas shakti: íd. (f)

mandaagnou sakala rogo moolam: mandagnou sákala rogo múlam

manomaya kosha: manómaya kosha (m)

mantra japa: íd. (m)

mantra: íd. (m)

marma chikitsa: íd. (f)

Maya: íd. (f)

meda: íd. (m)

moksha: íd. (m)

mung dal: íd. (f)

mutra: íd. (m)

nadi: íd. (f)

Nibodhi: íd. (m)

nirama: íd. (m)

ojas: íd. (m)

Om: íd.

Om Adityaya namaha: Om Adityaya namahá

Om Arkaya namaha: Om Arkaya namahá

Om Bhanava namaha: Om Bhanavé namahá

Om Bhaskaraya namaha: Om Bhaskaraya namahá

Om Hiranyagarbhaya namaha: Om Hiranyagarbhaya namahá

Om iccha sakti jnana sakti kriya sakti svarupinyai namah: Om ichcha shakti jñana shakti
kriya shakti suarupinyéi namahá

Om Karunamrita Sagarayai namah: Om
Karunámrita Sagarayéi namahá

Om Khagaya namaha: Om Khagaya namahá

Om Marichaya namaha: Om Marichaya namahá

Om Mitraya namaha: Om Mitraya namahá

*Om namo bhagavate vasudevaya danvantraye
amrita kalasa hasthaya, sarvamaya vinasanaya
trilokya nathaya sri maha vishnave namah:*
Om namo bhagavaté vasudevaya danvantraye
ámrita kálasha hasthaya, sárvamaya vinashanaya
trilokya nathaya shri mahá vishnavé namahá

Om Pushne namaha: Om Pushné namahá

Om Ravaye namaha: Om Ravayé namahá

Om Savitre namaha: Om Savitré namahá

Om Suryaya namaha: Om Suryaya namahá

pancha: íd.

panchakarma: íd. (m)

panchamaya koshas: pánchamaya koshas (m)

Paramahansa Yogananda: íd. (m)

Paramatman: íd. (m)

pitta: íd. (m)

pra: íd.

pradhana: íd. (m)
prakriti: prákrti (f)
prana: íd. (m)
pranamaya kosha: pránamaya kosha (m)
pranayama: íd. (m)
prasad: íd. (m)
pratyahara: íd. (m)
prithvi: íd. (f)
puraka: púraka (m)
purisha: íd. (m)
purnarvana: íd. (m)
purusha: púrusha (m)
purushartha: íd. (m)
rajas: íd. (m)
rajasguna: íd. (m)
rakta: íd. (m)
rasa: íd. (m)
rasayana: rasáyana (m)
rechaka: réchaka (m)
rishi: íd. (m)
rogi: rogui (m)
rupa: íd. (m)
Sadguru: Sádguru (f/m)
sadhak: sádhak (m)
sadhaka: sádhaka (m)

sadhana: sádhana (f)

sama: íd. (m)

samadhatu: íd. (m)

samadhi: íd. (m)

samsara: samsara (m)

samskara: sanskara (m)

san: íd.

sanatana dharma: sanátana dharma (m)

sankhya: íd. (m)

sannyasi: íd. (m)

sarira: sharira (m)

sarvamaya

sat-chit-ananda: íd. (m)

sattva: sattua (m)

sattvaguna: sattuaguna (m)

seva: íd. (f)

shabda: íd. (m)

shadripus: íd. (m pl)

S-/shakti: íd. (f)

shankhapushpi: íd. (f)

sharayati iti dharma: shárayati iti dharma

shastra: íd. (m)

shatavari: shatávari (f)

Shiva: íd. (m)

shukra: íd. (m)

Sosanam bhavasindhosca, jnapanam sarasampadah guroh padodakam samyak, tasmai sri gurave namah: Shóshanam bhava sindhoshcha jñápanam sara sámpadaha guró padódakam sámyak tasmái shriguravé námaha

sparsha: íd. (m)

Sri Adi Shankaracharya: Shri Adi Shankaracharya (m)

Sri Lalita Sahasranama: Shri Lálita Sahasranama (m)

Sri Mata Amritanandamayi Devi: Shri Mata Amritanándamayi Devi (f)

srota: shrota (m)

surya namaskar: íd. (m)

svedha: sueda (m)

Swami Sivananda: Suami Shivananda (m)

Swami Vinayananda Giri: Suami Vinayananda Giri (m)

Swami Vivekananda: Suami Vivekananda (m)

Swasthyatura parayanaha jeevitam ayuhu: Suastyátura paráyanaha jívitam áyuhu

tamas: íd. (m)

tamasguna: tamásguna (m)

tanmatra: íd. (m)

tapas: íd. (m)

tattva: tattua (m)

tejas: íd. (m)

tridosha: íd. (m)

triphala: íd. (m)

tulasi: túlasi (f)

upadhatu: íd. (m)

Vasudeva: íd. (m)

vata: vata (m)

vayu: íd. (m)

Veda: íd. (m)

vedanta: íd. (m)

vijnanamaya kosha: vijñánamaya kosha (m)

Vishnu: íd. (m)

Vivekachudamani: Vivekachudámani (m)

Yoga Chudamani: Yoga Chudámani (m)

yoga nidra: íd. (f)

Yoga Tattva: íd. (m)

yoga: íd. (m)

yogasana: yogásana (m)

yogi: yogui (m)

www.ingramcontent.com/pod-product-compliance
Lightning Source LLC
LaVergne TN
LVHW051544080426
835510LV00020B/2848